電波社

必ずうまくなる!!
バドミントン
基本と練習法

はじめに

　スポーツ科学は日進月歩で進展し、新たなトレーニング理論が考案されています。野球なら大谷翔平選手のように、過去にとらわれない価値観、理論的なトレーニングを実践していくことで、今までの常識では考えられなかった成果をあげる選手も登場しています。

　バドミントンも同じです。ジュニアしか教えていない指導者はその時期に勝つことを優先し、将来性を損なう過度な身体的負荷を伴うトレーニングや練習の質よりも量を重視した反復練習を行うケースがみられます。シニア期においても活躍できる選手を育成するためには、ジュニア期に身につけておくべき技術は何か、うまくなるために必要となる適切な考え方を理解することが重要です。

　本書でも、バドミントンの最新理論に基づく実践的な練習方法を紹介していきます。脳の生理学的な話やバイオメカニクス（生体力学）に基づく動作の話など、うまくなるために必要な理論をぜひ知ってください。

　また、バドミントンに限らず、何事においても大きな成果をあげるためには日々の努力の積み重ねが重要です。その根本となるのが「楽しい」と思える気持ちです。楽しいから練習するし、人生が豊かになります。たとえ、強い選手でも、毎日苦しいと思いながら練習をしていたら、人生がつらいですよね。試合で負けてばかりいてもつまらないです。

　試合で勝てた方が楽しいですし、チームワークで、みんなで協力して取り組んだ方が楽しいです。そのための練習の仕方や勝ち方を本書をきっかけに、身につけてください。

法政大学バドミントン部

監督　升 佑二郎

必ずうまくなる!! バドミントン

- 2　はじめに
- 6　本書の見方

Part 1　基本動作の習得

- 8　バドミントンがうまくなる最新トレーニング理論
- 12　シャトルを打つ前にラケットを動かしてみよう
- 14　ラケットの握り方を覚えよう
- 16　バックハンド
- 18　手投げノックでシャトルを打ってみよう
- 19　構え方の基本
- 20　アンダーストローク（ロブ）の打ち方
- 22　ヘアピンの打ち方
- 23　シャトルの勢いを消す打ち方を覚えよう
- 24　オーバーヘッドストロークの練習法
- 26　オーバーヘッドストロークの打ち方
- 32　打ち分け①クリア
- 34　打ち分け②ドロップ
- 36　打ち分け③スマッシュ
- 40　サイドストロークの打ち方
- 42　サービスの打ち方
- 44　バックハンドサービスの打ち方
- 46　フットワークを身につける
- 60　ダブルスのフットワーク
- 62　フットワークトレーニング
- 66　Column1　当たり前の基準を上げよう

Part 2　ノック形式のトレーニング

- 68　シングルス3種目連続トレーニング
- 70　スマッシュネット・スマッシュドライブ
- 72　シングルスのレシーブ練習

- 74　ダブルスの前衛・飛びつき
- 76　ダブルスの攻撃パターン練習①
- 78　ダブルスの攻撃パターン練習②
- 80　プッシュのローテーション
- 82　ネット前の技術練習

89　Part 3　ラリーを続けるためのトレーニング

- 90　1対1形式の練習　ルールを決めてラリー
- 92　1対1形式の練習　ランダムにラリー
- 94　1対1形式の練習　チャリチャリ
- 96　2対1形式の練習　シングルスのパターン練習
- 104　守備力向上のための練習方法
- 106　2対2　ダブルスのドライブローテーション
- 108　注意の分散を高めるデュアルタスクトレーニング
- 114　Column 2　シャトルの軌道を予測する

115　Part 4　1人でできるカラダづくり

- 116　01 ハンドスルー／02 ハンドウォーク
- 117　03 マウンテンクライマー／04 スクワットジャンプ／05 レッグシットアップ
- 118　06 プランクニートゥーエルボー／07 ヒップリフト／08 ダルマスタンドアップ
- 119　09 スタンディングニートゥーエルボー／10 フロントランジ／11 フットタッチ
- 120　12 1・2スクワット／13 カーフレイズ／14 インバーテッドハムストリングス
- 121　15 レッグバイク／16 レッグレイズ／17 サイドレッグレイズ
- 122　18 スパイダーマウンテンクライマー／19 スタンディングトゥータッチ／20 バッククロスランジ
- 123　21 スプリットジャンプ／22 バッククロスランチ／23 ロシアンツイスト／24 スコーピオン
- 124　ねんざ予防に効果のあるトレーニング　01 バランスディスク／02 片足でバランス
- 125　03 シャトルを使ったバランス
- 126　ラダートレーニング

本書の見方

項目名
本書は升監督が法政大学バドミントン部で、実際に指導している練習法や、指導法を元にして構成しています。これからはじめる初級者の方から、もっとうまくなりたい経験者まで対応しています。

本文
各項目の内容で気をつけるべき点や各テクニックの具体的なやりかたを解説しています。

手投げノックでシャトルを打ってみよう

フォアハンド、バックハンドの握り方を習得したら、次は手投げしたシャトルを実際に打ってみましょう。手投げノック練習を行うことで、指導者は練習者のフォームやシャトル対応などをチェックでき、より適切な指導につなげていくことができます。

たとえば、ラケットを正しく握って的確にシャトルをとらえる手首や指の使い方ができているか、力強くなおかつケガをしにくい足の運び方や踏み込み方ができているか、肩の可動域や体幹を有効に使って、しっかり振りぬく方法ができているかなど、さまざまな観点でのチェックとアプローチを手投げノック練習を通して推進することが可能となります。

STEP 01 フォアハンドで打つ
まずはフォアハンドでしっかりネットを越すロブを打ってもらいます。

STEP 02 バックハンドで打つ
手首の返し方やラケットの握り方もしっかり意識してもらうようにします。

STEP 03 フォアとバックを交互に打つ
フォームが固まってきたら、フォア、バックと交互に打たせることで刺激を与え、飽きさせないようにします。

構え方の基本

構えで大事なのはピラーを立てることです。前傾姿勢になると打点が低くなり浮いた球を返しにくくなるので、ピラーを立てましょう。また、低い球に対応するために、重心をしっかり下げるようにしましょう。

FRONT

SIDE

NG

アイコンの見方

指導法
指導者の方が普段のレッスンに取り入れていただくこともできます。

練習法
升監督の理論を元にした、各テクニックを身につけるための練習法を紹介します。

NG
よくやってしまう悪い例を紹介します。

POINT
項目の中で、特に注意するべき点や重要な動きを解説します。

Part 1 基本動作の習得

バドミントンがうまくなる 最新のトレーニング理論

01 「トレーニングの原理・原則」を 理解しよう

トレーニングの課題・テーマを見つけて 取り組むと達成感・充実感が得やすくなる

本書では、バドミントンがうまくなるためのさまざまな理論、練習法を紹介しています。日々のトレーニングで大切なことは、まず楽しむこと。そして、トレーニング効果を上げるために重要なことは「なぜこのようなトレーニングをするのか」という目的をきちんと理解することです。

トレーニングの目的を考えず、指導者から言われたからといって、「与えられたメニューをとにかくやっておこう」という意識だけでは、上達のスピードは遅れてしまいます。

ショットの打ち方、カラダの使い方などで、「ここを鍛え、ここを補強しよう」といった課題・テーマを自分で見つけて、トレーニングに取り組むことで、達成感や充実感が得やすくなり、習熟度も向上します。

とくに初級者のうちに行うべきなのが、基本的なラケットの握り方、力を効果的に伝えられるフォーム、よりスムーズに動けてケガをしにくい下半身の使い方などをしっかりと固めることです。

こうしたバドミントンならではのラケットやカラダの使い方（専門的に言うと「バイオメカニクス」と言います）をしっかり習得できるまでは、少ない球数でよいので、正しい形でしっかり打ち、動くことを意識したトレーニングを続けることをおすすめします（本書でもバイオメカニクスを考慮したトレーニング方法を前半部分で紹介しています）。

少しずつ強度を上げていこう

　指導者は、生徒が正しい打ち方、動き方ができるようになってきたら、トレーニングの強度を少しずつ上げていくようにしましょう。

　ただし、急にトレーニングの強度を上げるとケガをしやすく、意欲低下を起こしやすいので、指導者は生徒の年齢、体力、技術、性格などに配慮しながら強度を調整していきましょう。

　バドミントンは、100メートル走やウエイトリフティングのように一瞬で力を使い切るスポーツではありません。かといって長距離走選手のような心肺を使っての高い全身持久力が必須となるスポーツでもありません。

　バドミントンのラリーは長くても1分程度。この1分間、カラダの筋肉をフル稼働させながら必死でシャトルに応対します。

　そうしてみると、バドミントンは長距離走などで重要な心肺の持久力よりも、ヒジ、ヒザ、太もも、ふくらはぎなどの筋肉の強さや持久力がより重要となってくるスポーツなのです。

　したがってバドミントンで高いパフォーマンスを発揮・持続するにはバドミントンで使う部位の筋持久力を高めるトレーニングが効果的です（これらについては本書の中〜後半にかけてしっかり紹介していきます）。

　なお、練習が日課となっている生徒の中には、「テストなどで休むと体力が落ちてしまう」と不安になってしまう人がいますが、休んだ後によい練習をすればむしろ前よりもよい状態になります。だから「休むときは休もう。いい練習をすればすぐ戻るから大丈夫だよ」という指導もありだと私自身は思っています。

02 「インターリーブ理論」で効率的で質のよい練習をしよう

長時間の反復練習は実は得られる効果が少ない

「インターリーブ理論」は「反復して同じことを続ければ強くなる」という従来の考え方に異を唱える理論です。

すなわち、「インターリーブ理論」とは、「1つの種目を長く反復して練習する集中練習は、技術を習得する効果が低い。同じ種目を長時間続けるよりも、短時間でも複数の種目を分散して練習した方が技術は向上する」という理論です。

私の経験から言っても、生徒が飽きてしまっている中での反復練習は生徒の集中力がどうしても低下しやすくなります。

例えばヘアピンを100球連続で打つといった練習では最初の10球は集中できても、後の90球くらいは流して打つような練習になってしまい、効率がよくありません。同じ100球でもフェイントで打ち方を変えさせるようにした方が生徒は気をゆるめず、手をぬかず、集中力の高い状態を維持・継続します。

実際のところ、長時間の過度な技術練習には、「長時間やった」ということで得られる達成感はあるかもしれませんが、脳の学習効果からすると得られる効果は低く、オーバーワークによる障害発生率も高くなりがちです。

また、「練習の量」で達成感を得るのに慣れてしまうと、練習時間を確保できず、練習量が足りなかった場合に、不安になったり、自信をなくしてしまったりする弊害も出てきます。

多岐にわたるメニューで短時間でも達成感を得やすくなる

　一方で、「インターリーブ理論」に基づき、イレギュラーな要素を強めたり、複数種目にしたり、レベルに応じてトレーニングの数量を変えたりするような発展性・応用性の高い練習メニューでは、受け手にとって、たえず脳により多くの負荷がかかり、刺激的なものとなります。

　また、多岐にわたるメニューをこなすことで、2～3時間程度の時間でも「練習の質」による達成感が得やすくなります。このような質重視の練習が継続できれば上達の度合いも高まるのではないかと考えます。

　毎日練習している生徒を持つ指導者はとくにそうですが、「生徒を飽きさせないようにすること」は非常に大事です。常に刺激を与え、飽きずに練習を継続させやすくなるという点でもインターリーブ理論を指導の中に取り入れることは重要だと考えます。

　本書では、インターリーブ理論に基づき、複数種目を1セットでまとめて行う練習メニュー（かなり目まぐるしく動きます）をたくさん紹介していますので、ぜひ参考にしてみてください。

Part 1 基本動作の習得

シャトルを打つ前にラケットを動かしてみよう

バドミントンはラケットにシャトルを当てて打ち返すスポーツです。アンダーハンドストロークを打つとき、「シャトルを思うように打てない」、「よく空振りしてしまう」という人は、打つときに手首が回り、ラケット面が床面に対して縦（垂直に近い状態）になっています。

アンダーハンドストロークの基本はラケットの面を床面に対して水平にした状態で打つこと。そうすれば、上から落ちてくるシャトルをしっかりとらえることができます。

打つ前に、まずはラケットを上下左右に動かしたり、シャトル渡しなどのメニューを行い、シャトルをラケット面でしっかりとらえる意識と技術を養いましょう。

STEP 01 上下左右に動かす

上下に動かす
ラケット面を水平に保った状態でシャトルを乗せ、ラケットを上下に動かします。

左右に動かす
ラケット面を水平に保ち、シャトルが落下しないように注意しながらラケットを左右に動かします。

ストロークを身につける　ラケットを動かそう

STEP 02 シャトル渡し

手を使わずにシャトルを隣の人に渡します。シャトルを受け取る人も手を使わずにシャトルを受け取るようにします。交互に行います。

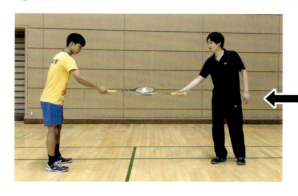

STEP 03 リレー

ラケットにシャトルを乗せ、シャトルを下に落とさないように注意しながら走り、次の人に手を使わずにシャトルを渡していきます。

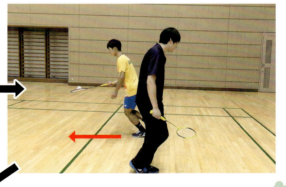
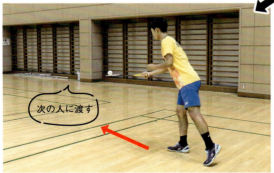

次の人に渡す

POINT ラケットを水平に保つ

これらの練習の目的は「ラケットにシャトルを乗せて水平に保つ」意識と感覚を養うこと。これらを養うことでシャトルを的確にとらえる力を高めていきます。

Part 1 基本動作の習得

ラケットの握り方を覚えよう

ラケット面にシャトルを乗せて保つ感覚がつかめてきたら、次に身につけるべきなのが「ラケットの正しい握り方」です。

バドミントンでは、フォアハンドとバックハンドで、指や手首の使い方が異なるので、それぞれの握り方も違ってきます。

フォアハンドもバックハンドも両方振れるのが「イースタングリップ」です。

また、より強く打つためには「ただ握る」のではなく、グリップ上での人差し指や親指の置き方にも配慮する必要があります。

フォアハンド

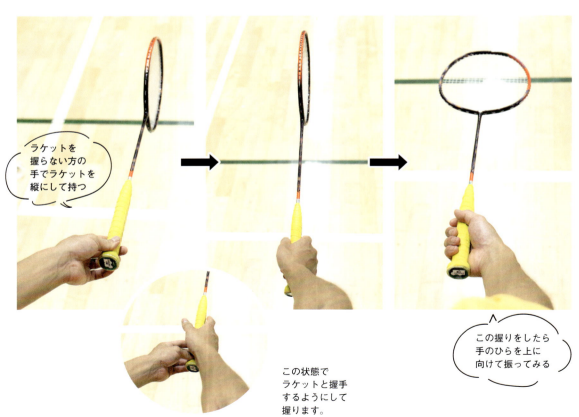

ラケットを握らない方の手でラケットを縦にして持つ

この状態でラケットと握手するようにして握ります。

この握りをしたら手のひらを上に向けて振ってみる

| ストロークを身につける | ラケットの握り方 |

POINT　握手をするように握る

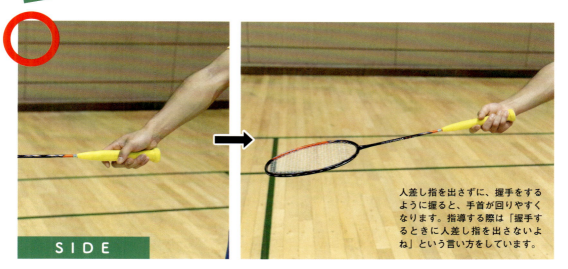

人差し指を出さずに、握手をするように握ると、手首が回りやすくなります。指導する際は「握手するときに人差し指を出さないよね」という言い方をしています。

人差し指を伸ばして握るのはNG

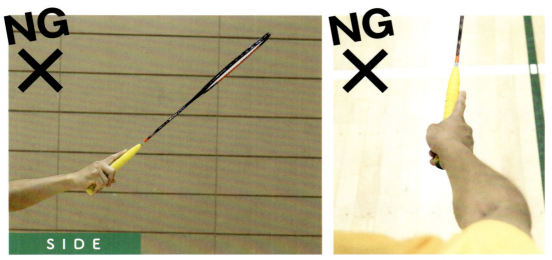

ラケットを握ったとき人差し指を伸ばさないようにしましょう。人差し指を伸ばして握ると手首が固定されてしまい、手首の返しを効かせた強いショットが打ちにくくなってしまいます。

Part 1 基本動作の習得

バックハンド

バックハンドは床面に対してラケット面を水平にした状態で握ります。このときグリップの最上面を親指で押さえるようにして握ります。握ったら親指を下に向けて振ってみます。このとき手のひらを返して親指で押すようにして振るのがポイントです。

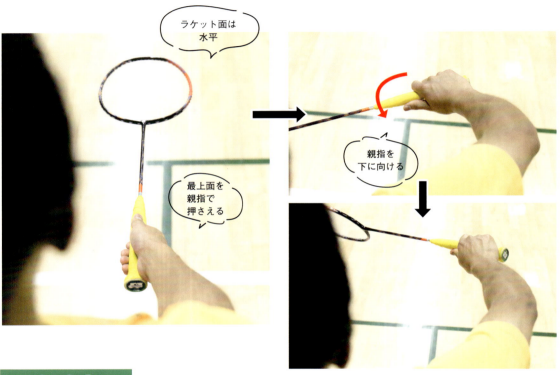

SIDE

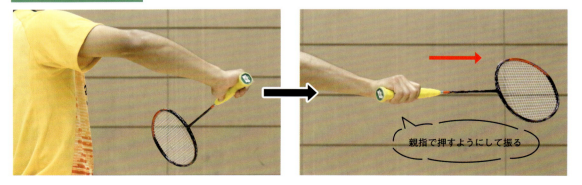

ストロークを身につける　ラケットの握り方

練習法　リフティングしてみよう

正しい握り方で打つ感覚を身につけるため、ラケットでシャトルを軽くポンポンと打ってみましょう。初級者の方は次第にラケットにシャトルを「乗せる」から「打つ」に意識が変わっていきます。

STEP 01　フォアハンドで打つ

5回、10回、15回とどんどん続けて打ってみましょう。

STEP 02　バックハンドで打つ

親指で軽く押し出す感じでシャトルをポンポンと続けます。

STEP 03　交互に打つ

ポンポンと続けて打てるようになったら、フォアハンド、バックハンドと交互に打ち分けてみましょう。

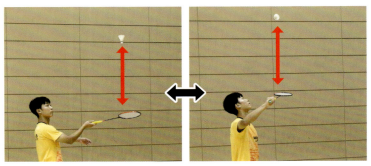

17

Part 1 基本動作の習得

手投げノックでシャトルを打ってみよう

　フォアハンド、バックハンドの握り方を習得したら、次は手投げしたシャトルを実際に打ってみましょう。手投げノック練習を行うことで、指導者は練習者のフォームやシャトル対応などをチェックでき、より適切な指導につなげていくことができます。

　たとえば、ラケットを正しく握って的確にシャトルをとらえる手首や指の使い方ができているか、力強くなおかつケガをしにくい足の運び方や踏み込み方ができているか、肩の可動域や体幹を有効に使って、しっかり振りぬく方法ができているかなど、さまざまな観点でのチェックとアプローチを手投げノック練習を通じて推進することが可能となります。

指導者が手投げする

STEP 01 フォアハンドで打つ

まずはフォアハンドでしっかりネットを越すロブを打ってもらいます。

STEP 02 バックハンドで打つ

手首の返し方やラケットの握り方もしっかり意識してもらうようにします。

STEP 03 フォアとバックを交互に打つ

フォームが固まってきたら、フォア、バックと交互に打たせることで刺激を与え、飽きさせないようにします。

18

ストロークを身につける | ピラーを立てる

構え方の基本

構えで大事なのはピラーを立てることです。前傾姿勢になると打点が低くなり浮いた球を返しにくくなるので、ピラーを立てましょう。また、低い球に対応するために、重心をしっかり下げるようにしましょう。

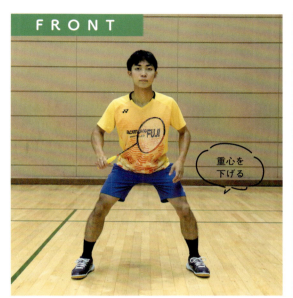

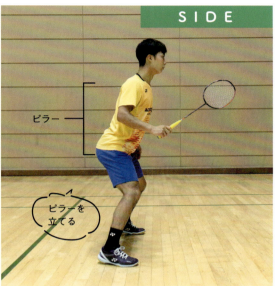

NG

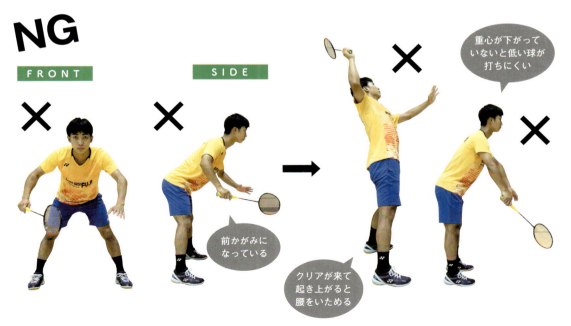

19

Part 1 基本動作の習得

指導法 アンダーストローク（ロブ）の打ち方

最初は自由に打ってもらいますが、手投げノックを通じて、基本的な打ち方を教えましょう。私の場合は、まずロブの打ち方を教えます。最初は当てるので精一杯でコンパクトな打ち方になりますが、打つ感覚がつかめてきたら大きく振るように指導し、最後は振り抜く感覚をつかんでもらいます。

STEP 01 右足を出して打つ

STEP 02 コンパクトに打つ

STEP 03 大きく振る

空振りしないように最初はコンパクトに打つ。

打つ感覚がつかめてきたらラケットを大きく引くようにして、打つまでの距離を長くとって振り出しを大きくしていきます。

| ストロークを身につける | アンダーストローク |

STEP 04 肩口まで振り抜く

振り出すときの距離を大きく取れるようになったら振り抜き（フォロースルー）も大きくしていきます。フォロースルーはラケットを持っていない方の腕の肩口まで振り抜くようにします。

指導者がラケットを持ち勢いをつけてあげる

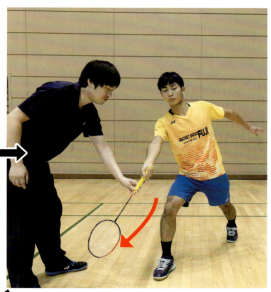

肩口まで振り抜く

NG

ラケットの先が利き手側に抜けてしまうのはNGです。これでは狙った方向に強いロブが打てません。

21

Part 1 基本動作の習得

ヘアピンの打ち方

ロブがしっかり打てるようになったらネット付近にシャトルを落とすヘアピンショットの練習をします。フォアハンド、バックハンドでそれぞれ数球打ち、慣れてきたらフォアとバック交互に打ちます。

ラケットを横から出すようにして打つことを心がけよう

ラケット面を安定させたまま、シャトルを乗せて押し出すイメージで打つ

NG 下から打つとシャトルが浮く

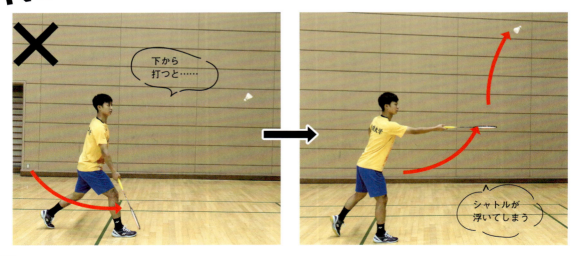

下から打つと……

シャトルが浮いてしまう

ショットを身につける　アンダーストローク

練習法
シャトルの勢いを消す打ち方を覚えよう

ヘアピンは相手コートのネット際にポトリとシャトルを落とすことで相手を走らせ有利な展開を作るショット。シャトルの勢いを消す打ち方を覚える必要があります。

STEP 01 シャトルキャッチ

シャトルを上に打つ → ラケットをシャトルに沿わせる → やさしくキャッチ！

STEP 02 キャッチボール

ラケットを使ってシャトルをキャッチボールする → シャトルの勢いをころすことでラケット面上に乗せられる

STEP 03 シャトルを横に払って切るように打つ

ラケット面上に止めるかわりに、シャトルを横に払って切るようにして打つ

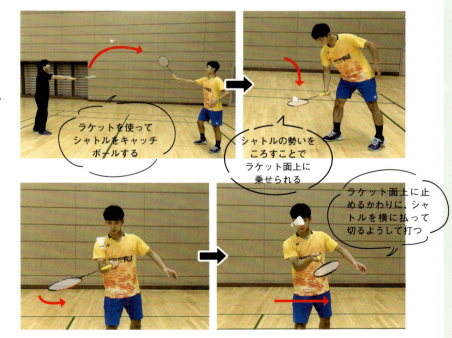

Part 1 基本動作の習得

オーバーヘッドストロークの練習法

スマッシュやクリアなど、肩越しから打つオーバーヘッドストロークは、足を上げ、大きく振りかぶり、全身の力を使ってボールを投げる野球のピッチャーのような動作をすることで力強いショットを打つことができます。

そのため、オーバーヘッドストロークの練習はボールを使った練習が効果的。柔らかいソフトプラクティスボールやスポンジボールなどを使って、思いっきり投げる練習を行うことで、スイングスピードの向上につなげていくことができます。感覚がつかめてきたら、スポンジボール（ペルボール）をラケットで壁打ちをしたり、手投げされたシャトルを打ってみましょう。解放感のある練習方法なので、楽しく取り組めるというメリットもあります。

練習法 STEP 01 ソフトプラクティスボールを床にたたきつけてキャッチボール

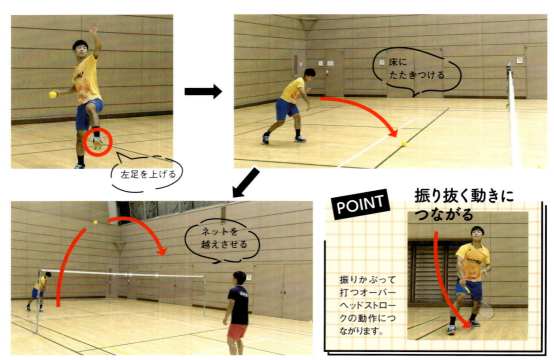

> ショットを身につける　　オーバーヘッドストローク

STEP 02　ヨネックスのスポンジボールで遠投

できるだけ遠い距離を投げるようにします。

STEP 03　ベルボールで壁打ち

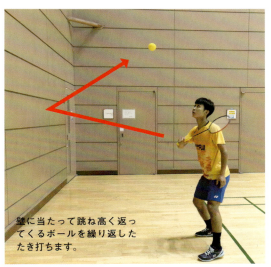

壁に当たって跳ね高く返ってくるボールを繰り返したたき打ちます。

STEP 04　手投げノックでシャトルを打つ

動作が身についてきたら、同じフォームで手投げしたシャトルを打ってもらいます（打ち方のポイントはP26以降参照）。指導者が上げた高い球をしっかり打ち下ろします。

POINT　シャトルを使わないのはなぜ？

シャトルは軽く空気抵抗も大きいので、あまり遠くへ投げることができません。ボール投げに比べると面白味に欠ける感じがします。腕を振り抜く動作を楽しく身につけるにはやはりボールを使った方が効果的です。

Part 1 基本動作の習得

オーバーヘッドストロークの打ち方

オーバーヘッドストロークは腕を強く振り出して打つショットです。

しかし、初級者はラケットでシャトルをポンと弾くような打ち方をしがちです。これでは相手に十分な攻撃を仕掛けることができません。

力強いオーバーヘッドストロークを打つためには、カラダをひねって力をため、下半身のバネを使って動き出し、この力を肩、ヒジ、手首と連動させて振り出しのスピードを上げていく必要があります。

力強いオーバーヘッドストロークを打てるようになるため、ここでは、構え方、ヒジの使い方、腕の振り方、肩の使い方などを見ていくことにしましょう。

動作様式の発達段階

バドミントンをはじめたばかりの初級者は一番左の写真のように、ヒジの屈曲動作のみで行う人が多いです。慣れてくると、段々と全身を使えるようになります。

初級者 → 上級者

ラケットの加速距離が長くなる

全身が使えるようになると、ラケットの加速距離が長くなります。走り幅跳びで助走なしで跳ぶよりも、助走があるほうが遠くに飛べるように、加速距離が長くなることで、スイング速度が増加します。

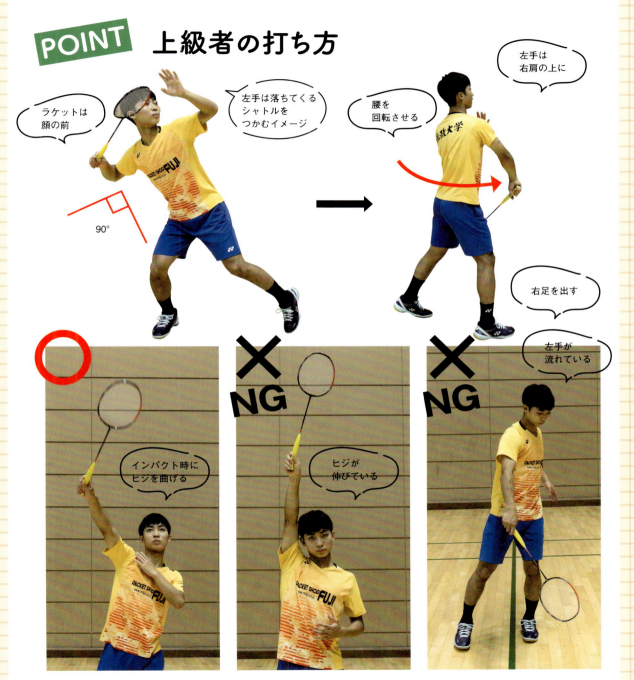

Part 1 基本動作の習得

POINT テイクバック時のラケットヘッドの位置

テイクバック時にラケットヘッドの位置が頭の後ろにあるフォームは、ラケットの移動範囲が小さく、シャトルを打ちやすいですが、強く振るのは難しいです。反対にラケットヘッドの位置が顔の前にあるフォームは、ラケットの加速距離が長く、スイング速度を増加させることができます。

OK
ラケットヘッドの位置が頭の前にある
この姿勢を作れればシャトルを強くたたきやすくなります。

NG
ラケットヘッドの位置が頭の後ろにある
この姿勢だとラケットを強く振るのが難しくなります。

初級者

中級者

上級者

初級者は上半身だけで打ちがち。上級者になるほどカラダ全体を使った打ち方ができるようになってきます。

ショットを身につける | オーバーヘッドストローク

POINT 大胸筋のSSC運動

筋の収縮特性を活かした大胸筋のSSC（ストレッチ・ショートニング・サイクル）運動を用いることでラケットを速く振ることができます。テイクバック時に弓矢を引くようにラケット腕を後方に引き、胸を張ります（大胸筋を伸ばす）。振る瞬間、同時にラケットを持たない腕を内側に移動させることで伸張反射が生じ（大胸筋が縮む）、スイング速度が増加します。

テイクバック

胸を張った状態（＝大胸筋を伸ばした状態）で待機します。

インパクト

振る瞬間、ラケットを持たない方の腕を内側にたたむようにすることで大胸筋を一気に収縮させてパワーを作り出します。

OK

ラケットを持たない腕をうまくたたみ大胸筋を使えています。

NG 右ヒジが下がっている

右ヒジが下がることで大胸筋の収縮力をうまく使えなくなってしまいます。

Part 1 基本動作の習得

POINT ヒジや肩に負担をかけない ゼロポジション

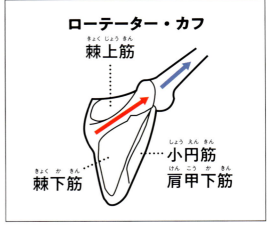

肩甲骨（赤矢印）と上腕骨の軸（青矢印）が直線上に並ぶ位置をゼロポジションと言います。ゼロポジションではヒジや肩の負担をかけずに強い力を発揮することができます。

ヒジの位置が低く、ヒジや肩への負担が大きくなります。

ヒジや肩への負担が小さいゼロポジションになっています。

| ショットを身につける | オーバーヘッドストローク |

指導法

腕を大きく回す大振り指導に注意

NG ✕

小学生以前のジュニア期はシャトルを遠く飛ばすことがゲームでの勝利につながりやすいので大振りが身に付きがちです。しかし、中学生以降は小さな振りでも強いショットが打てるようになり、それに伴いゲーム展開が速くなり、大振りが通用しなくなっていきます。

そうなると幼少期に大振りを身に付け勝つことの多かった選手が、速いラリー展開についていけず勝てなくなるという逆転現象が生じることがあります。大振りにならないように指導しましょう。

Part 1 基本動作の習得

打ち分け① クリア

　クリアは相手をコートの奥の方に追いやることを狙うオーバーヘッドストローク型のショットです。カラダ全体を使って高く強く上方向にスイングするので、放たれたシャトルは大きな円弧の軌道を描きます。大きく2種類あり、守備的なハイクリアは、時間を作るために高い軌道で打ちます。攻撃的なドリブンクリアはやや低い軌道で打ちます。

　クリアを打つときに注意すべきなのが、できるかぎり相手コート奥に打つこと。浅いクリアは相手にとってのチャンスボールとなり、強いスマッシュを打たれてしまいます。

軸足にしっかり体重を乗せたらカラダの回旋を行って強い力で打ちます。

| ショットを身につける | クリア |

クリアの軌道

ハイクリアもドリブンクリアもフォームは一緒ですが、軌道の高さが異なります。

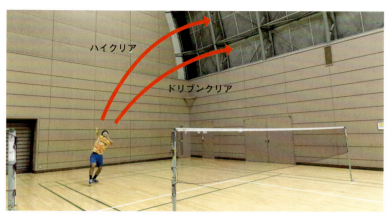

シャトルを高く上げるようにして打ちます。相手コートの奥の方に打つことで相手は攻撃を仕掛けにくくなります。

Part 1 基本動作の習得

打ち分け② ドロップ

　強いスイングでクリアが打てるようになったら、次にマスターすべきなのがドロップ。ドロップはネット付近を飛ぶ軌道の低いショットで、クリアに比べると打点が頭前方になります。ドロップを打つときはシャトルに対して自分が下がるようにして打つようにすると低い軌道を作りやすくなります。

　またドロップは相手コート前方にシャトルを打つことで、相手をネット前におびき寄せることを主な目的とするショットなので、打つ瞬間まで相手に悟られないようにすることでより有効な一打となります。打つ直前までクリアやスマッシュと同じ動作になることを心がけましょう。

打つまでの体勢はクリアと同じ。しっかり重心を下げ、カラダの回旋を使って打ちます。

ショットを身につける **ドロップ**

ドロップの軌道

ネット付近を通る低い軌道になります。

打点はクリアより前方になります。前にでるようにして打ちます。

Part 1 基本動作の習得

打ち分け③　スマッシュ

　クリア、ドロップが打てるようになったら次にマスターすべきなのがスマッシュです。

　スマッシュはしっかり決まればポイントに最も結びつきやすい攻撃性の高いショットです。スマッシュは強い力でたたきつけるようにして打つので打点は頭前方になります。

　スマッシュを打つときはドロップと同じように、打つ直前にシャトルに対して自分が下がるようにして打つと全身のバネを使えて、高くジャンプでき、高い打点で角度あるショットを打てるようになります。またスイングをしながら前腕を内側にひねる動作（回内動作）を加えることでより力強いショットが打てるようになります。

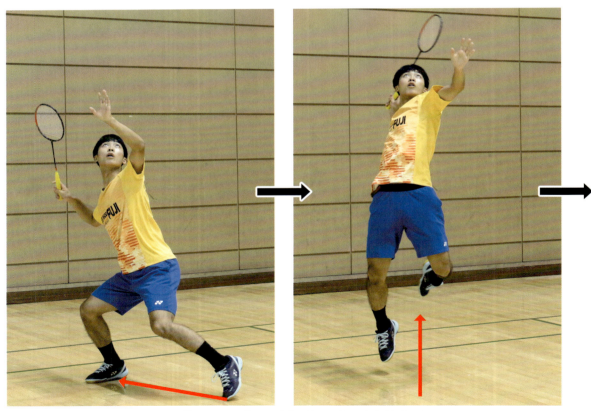

低く重心を落とし、インパクトの直前にジャンプして力強く打ちます。
真上か後ろから前に体重移動するイメージで打点を高くすることができます。

ショットを身につける　スマッシュ

スマッシュの軌道

ネットやや上方を速い軌道で飛んでいきます。

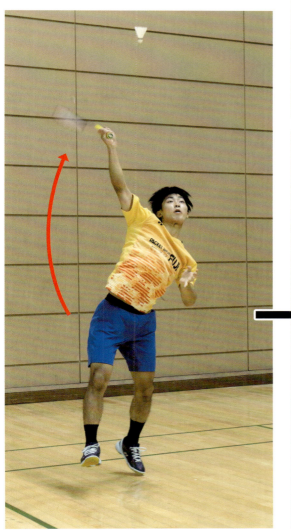 

頭前方のできるだけ高い打点で打ちます。上腕の強い振りとさらに前腕にひねりを入れる動作（回内動作）も加えるとスイングがより強く速くなります。

Part 1 基本動作の習得

指導法

スマッシュ・プッシュの打ち方

シャトルに対して後方に下がり、頭より前でシャトルを打つことで、下方向に鋭角な軌道のスマッシュを打つことができます。さらに前腕の回内動作を使ってラケットを振ることで力強いショットが打てます。ネット際のシャトルを返球するためには、ワイパースイングが効果的です。ネットをたたかずにプッシュを打つことができます。

STEP 01 シャトルに対して下がる

下がって打つ

頭の上に来ないように

NG

下がって打つことで打点を高くすることができます。

STEP 02 前で打つ

より強い力でシャトルをたたくことができます。

ショットを身につける　オーバーヘッドストローク

STEP 03 回内動作

手首を伸ばした状態で前腕を内側にひねるようにします。スイングに加えることでより力強いショットが打てます。

STEP 04 ワイパースイング

ワイパーのようにラケットを回しながら打ちます。ネット際のシャトルをネットに当てずに強く打つことができます。

Part 1 基本動作の習得

サイドストロークの打ち方

　サイドストロークは、肩から腰周辺の高さのシャトルをカラダの横でとらえる打ち方です。守備的・攻撃的どちらにも移行できる中間的なショットを打ちます。守っているだけでは勝てないので、状況によって変えましょう。練習する際は守備的・攻撃的・中間的、どのストロークであるのか目的意識を持ちながら練習しましょう。

　後方に振りかぶるようにして打つと空振りする確率が高くなります。カラダの横でシャトルを打つのでなく、斜め前方で打つようにします。こうすることでシャトルへのコンタクトを早めて、打ち損ないの可能性を減らすとともに、次の体勢を素早く整えることができます。

サイドのスマッシュレシーブ（守備的な位置）

左肩を後方に引き、状態を起こす

シャトルの落下地点にラケットを出す

両ヒザでバランスを取る

NG ✕

後ろにラケットを大きく引いて打つと正確にシャトルをとらえにくくなります。

サイドのドライブ（攻撃的な位置）

フォアハンド

バックハンド

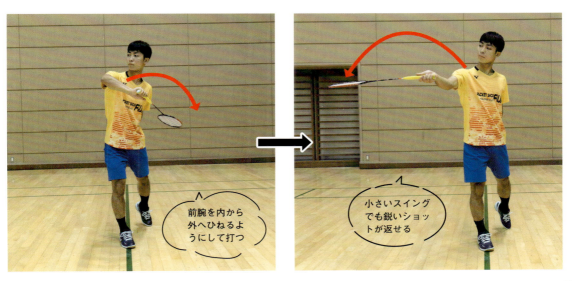

Part 1 基本動作の習得

サービスの打ち方

　フォアハンドでもバックハンドでもサービスは打ちたい方向に足を向けて打つのが基本です。

　フォアハンドサービスはスイングの軌道とともに腰を入れ、それに上半身がついてくるようにして打ちます。腕の動きに着目すると、まずヒジが出て、それから少し遅れて手が出てくる感じになります。

　前腕の回内動作を使ってシャトルを打ちます。フォロースルーは、腕を首に巻き付けるようにして振ります。打ち終えたあと、ラケットの持ち手が、ラケットを持たない肩付近に来ているのが理想です。

フォアハンドサービス

シャトルを持つ手を肩の高さに上げてスイング開始。

手からシャトルを落とします。

カラダの前方でシャトルを打つ。

ショットを身につける | サービスの打ち方

POINT
初級者はお手玉のようにシャトルを上げよう

シャトルは手からそのまま落とすようにして打ちますが、初級者の方で難しい場合は、お手玉のように上げるとシャトルの滞空時間が長くなり打ちやすくなります。

NG 正面を向いて

腕が伸びきる

腰の回転、肘の屈曲、前腕の回内動作が使えないとシャトルを遠くに飛ばせない。

①腰の回転　②肘の屈曲　③前腕の回内

腰の回転、ヒジの屈曲、前腕の回内が連鎖して生じる。

大きくフォロースルーします。

Part 1 基本動作の習得

バックハンドサービスの打ち方

POINT

シャトルの持ち方

バックハンドサービスをするときは、シャトルの羽を親指、人差し指、中指で持ちます。

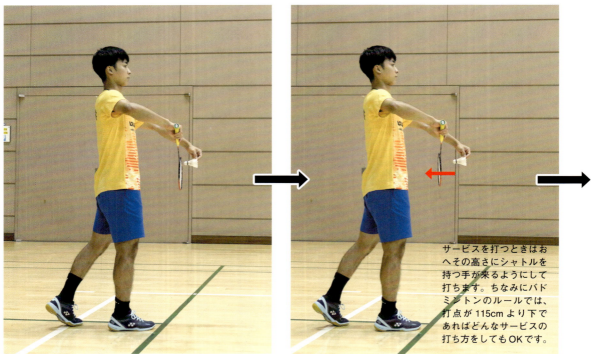

サービスを打つときはおへその高さにシャトルを持つ手が来るようにして打ちます。ちなみにバドミントンのルールでは、打点が115cmより下であればどんなサービスの打ち方をしてもOKです。

ショットを身につける　　バックハンドサービス

POINT

胸を張って打つ

集中すると顔が前に出て、前のめりになりがち。そうするとネットより高い球への反応が遅れやすくなります。ピラーを立てて胸を張り、サービス後の返球に対応しやすい体勢を作りましょう。

Part 1 基本動作の習得

フットワークを身につける

STEP 01 4方向の移動練習

「レシーブをした後にどう動くか」。この動きを身につけることがバドミントンの上達のために実はとても大事なことなのです。

ここではサイドレシーブをした後での4方向の移動練習を紹介したいと思います。サイドレシーブをした後、①フォア前方、②バック前方、③フォア奥方、④バック奥方、の4方向に動きます。

実際のゲームでは、さまざまな方向へと動くシャトルに対し、「動きながら打つ」ことが求められます。この練習は、レシーブをした後のフットワークを強化することをねらった練習となります。

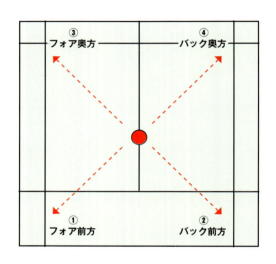

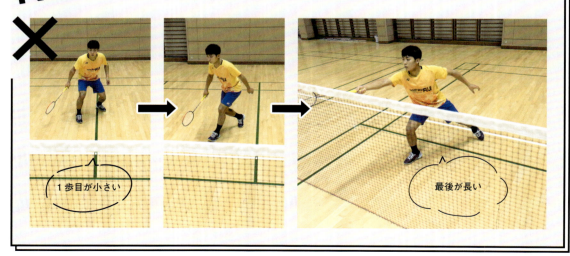

NG 1歩が小さく最後が長い

最後のステップが大きくなると、踏ん張る力が強くなりすぎて、後ろに戻るステップが取りにくくなります。

1歩目が小さい　　最後が長い

フットワークを身につける　　4方向の移動

フォア前方

サイドのフォアハンドレシーブをしたら、そこから正面に戻る。次に前に移動してフォアハンドストローク（ヘアピン、ロブ、プッシュなど）をしたら、また正面に戻る、といった動きを繰り返します。2歩目はクロスステップ（左足が後ろの場合、前の場合）、サイドステップ（足が横）の3種類の足の運びがあります。状況によって使い分けましょう。

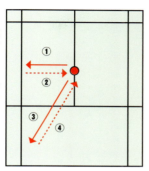

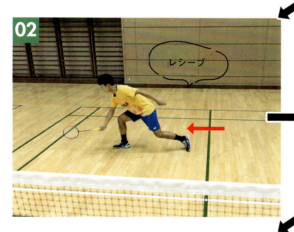

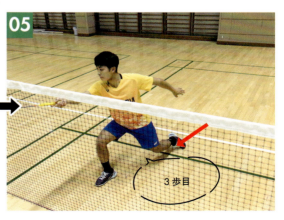

Part 1 基本動作の習得

② バック前方

サイドのバックハンドレシーブをしたら、そこから正面に戻る。次に前に移動してバックハンドストローク（ヘアピン、ロブ、プッシュなど）をしたら、また正面に戻る、といった動きを繰り返します。

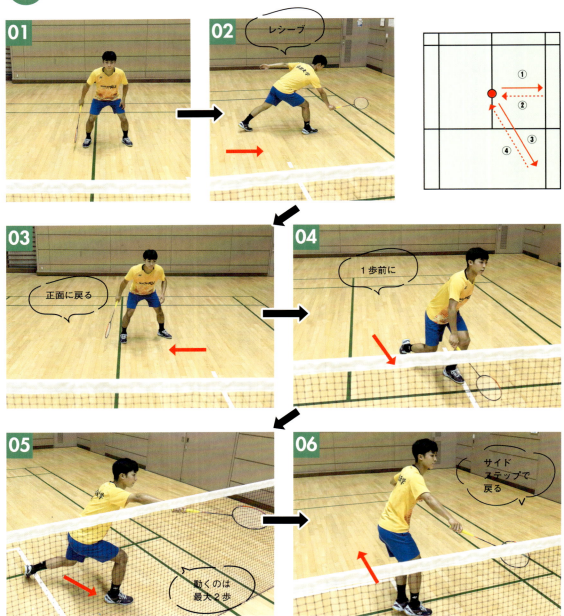

フットワークを身につける　4方向の移動

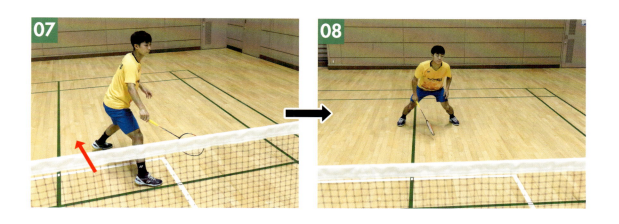

NG バックステップだと歩数がかかってしまう

バックハンドレシーブをした後はサイドステップで戻るのが基本。サイドステップは主に内転筋を使うので、ハムストリングを使うバックステップに比べて疲れにくくケガをしにくいというメリットがあります。また、短い距離の場合、バックステップよりもサイドステップのほうが速いです。

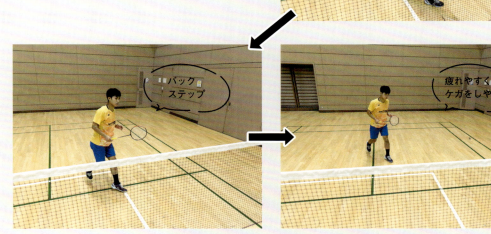

49

Part 1 基本動作の習得

③ フォア奥方

サイドのフォアハンドレシーブをしたら、そこから正面に戻る。次に斜め後ろ（フォア側）に移動してオーバーヘッドストロークをしたら、また正面に戻る、といった動きを繰り返します。

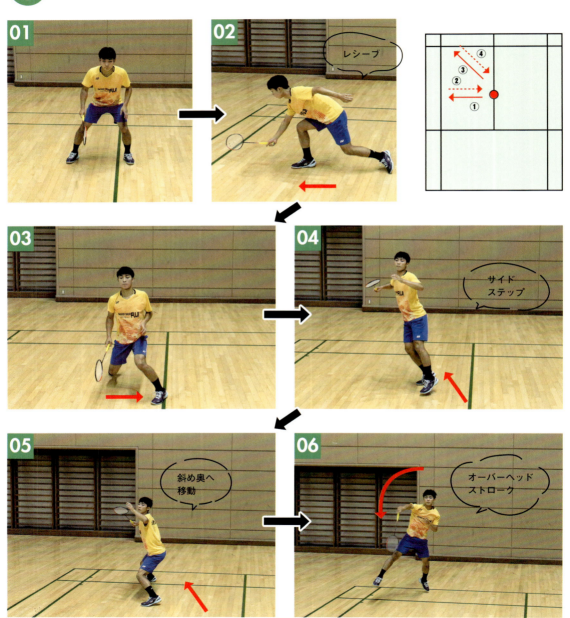

50

フットワークを身につける　4方向の移動

POINT 状況に応じてステップを変える

カラダを入れ替えて打つ

カラダを入れ替えないで打つ

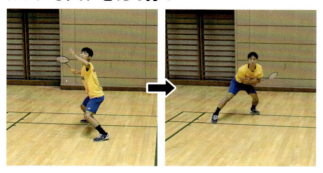

左足を前に送るクロスステップ

距離が長いときに使う

左足を後ろに送るクロスステップ

フェイントが来た

カラダを開きながら

Part 1 基本動作の習得

④ バック奥方（ラウンド側）

サイドのバックハンドレシーブをしたら、そこから正面に戻る。次に斜め後方（ラウンド側）に移動してオーバーヘッドストロークをしたら、また正面に戻る、という動きを繰り返します。

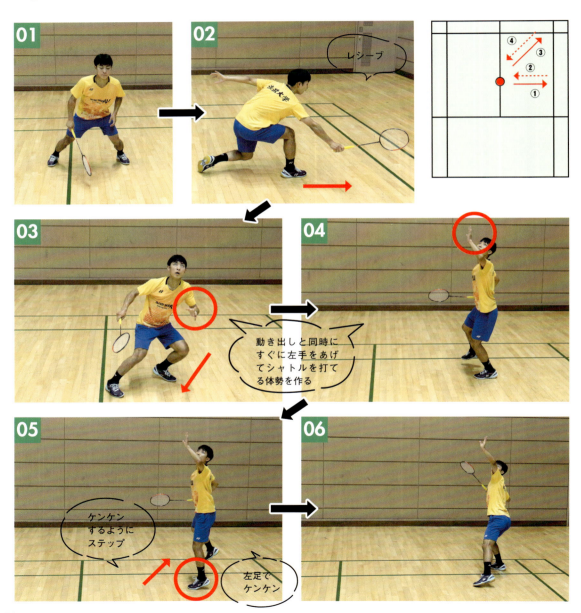

フットワークを身につける　4方向の移動

NG ✕ 最後に打つ体勢を作って打つ

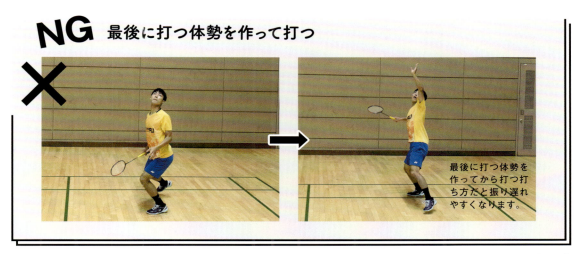

最後に打つ体勢を作ってから打つ打ち方だと振り遅れやすくなります。

NG ✕ ケンケンできないと間に合わない

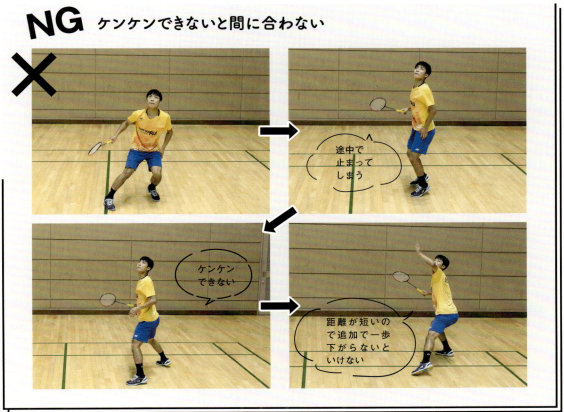

途中で止まってしまう

ケンケンできない

距離が短いので追加で一歩下がらないといけない

Part 1 基本動作の習得

STEP 02 前後のフットワーク

　一番後ろのライン（バックバウンダリーライン）からネット最前線までは最大で5ステップほど。後ろへのステップはサイドステップがおすすめです。サイドステップは疲れにくい内転筋を重点的に使います。一方、バックステップではヒザ裏の筋肉（ハムストリング、腓腹筋、ヒラメ筋など）が主に使われます。これらの筋肉は疲れやすいので、負担を分散するために内転筋を使いましょう。強い負担が急激にかかると肉離れなどを起こしやすい傾向があります。

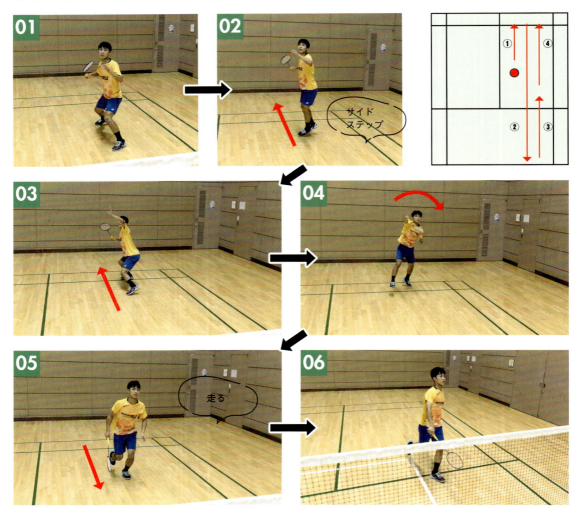

54

フットワークを身につける　**前後のフットワーク**

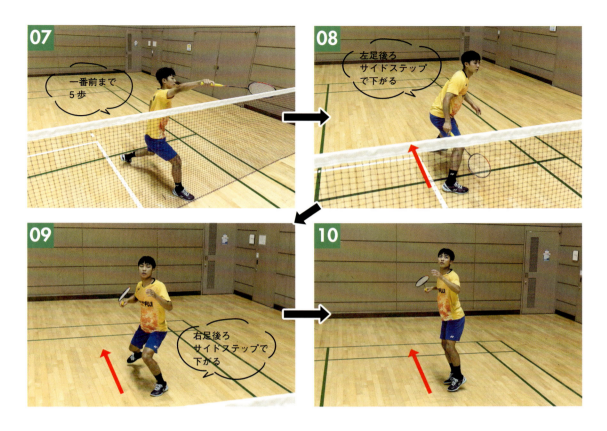

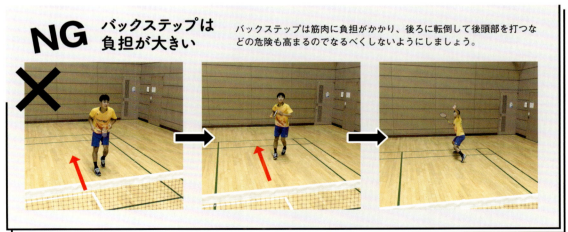

NG　バックステップは負担が大きい

バックステップは筋肉に負担がかかり、後ろに転倒して後頭部を打つなどの危険も高まるのでなるべくしないようにしましょう。

Part 1　基本動作の習得

STEP 03 サイドのフットワーク

　サイドの動きはサイドステップを使います。サイドステップで正面からフォアサイドに動きスイングしてから正面に戻る、正面からバックサイドでスイングしてから正面に戻る、といった動きを交互に繰り返していきます。

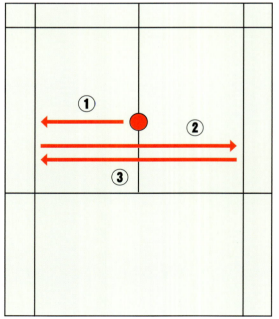

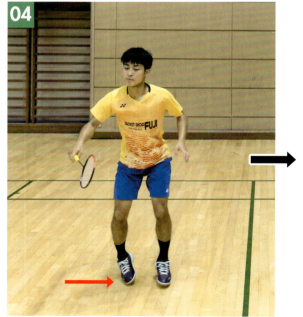

Part 1 基本動作の習得

練習法
オーバーヘッドストロークのステップ

オーバーヘッドストロークのフットワークをよりスムーズに行えるようにするための練習をここで紹介します。これらの練習は2つのラインを使って簡単に行うことができます。

STEP 01 ステップのみ

オーバーヘッドストロークのフットワークとして基本となるステップ。「左足を前のラインに出す」→「右足も前のラインに出して両足を揃える」→「左足を後ろのラインに下げる」→「右足も後ろのラインに揃える」。これを繰り返します。

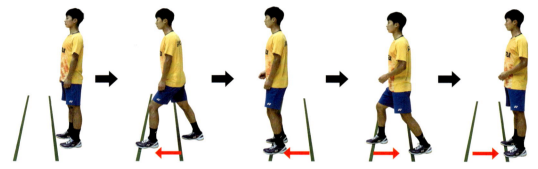

STEP 02 ラケットを持ってステップ

①の練習について実際にラケットを持ってやってみます。①のステップに合わせて、「振りかぶる」→「振る」→「足を引いて戻る」→「もう一方の足を引いて構えの体勢をつくる」といった動作になります。

フットワークを身につける　　オーバーヘッドストロークのステップ

STEP 03　カラダを反転させて足を入れ替える

2つのラインに対して両足を揃えて置き、カラダを半転させてラインに足を入れ替えるようにします。足の反動と腰の回転を活かしたフットワークを強化する練習です。

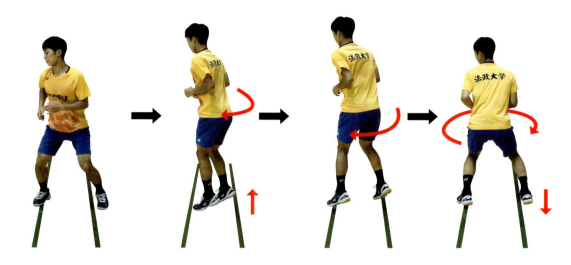

STEP 04　ラケットを振りながら向きを変える

③の練習について実際にラケットを持ってやってみます。カラダを回施させてラケットを振るフットワークを鍛えます。

59

ダブルスのフットワークの考え方

ダブルスのフットワークはシングルスに比べると複雑ですが、ダブルスでは主に2人が対角線に動くのが基本です。下図のようにコートを上下に3分割、左右に3分割、全体で6分割し、1人3カ所のゾーンを2人で守るようにします。

シャトルの近くにいる人がシャトルに対応するようにして、シャトルを打たない人はその対極にあるゾーンに移動する、といった動きを繰り返します。

初級者ほどダブルスでもコート全面を自分一人で守ろうとしがちですが、「自分の担当はコート半分、もう半分はペアに守ってもらおう」と割り切って考えるようにしましょう。

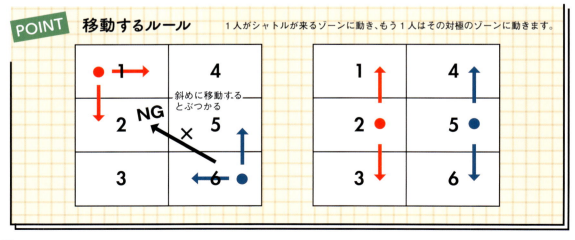

| フットワークを身につける | ダブルスのフットワーク |

| 練習法 | ## 指示に応じて移動する練習

左ページで紹介したルールを元に、移動の仕方を身に付ける練習です。指導者が1～6の数字のうちどれかと練習者をランダムに指示します。指示された練習者はその数字の位置に移動し、もう1人は対極にあるゾーンに移動します。

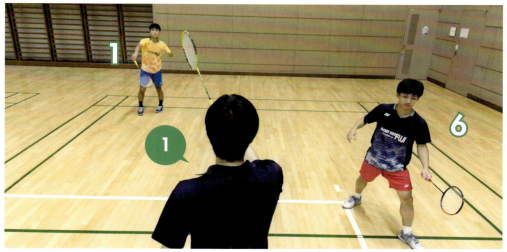

片方の人が1の位置に動いたら、もう片方は対極である6の位置に動きます。

片方の人が5の位置に動いたら、もう片方の人は2の位置に動き左右半分ずつを守るようにします。

Part 1 基本動作の習得

フットワークトレーニング

バドミントンは持久力や瞬発力を必要とするかなりきつい競技です。かといって100m走選手や砲丸投げ選手などのようにカラダのパワーを一気に使うスポーツではありません。長距離走選手のようなスタミナを必要とするスポーツでもありません。

バドミントンは30〜60秒の筋肉運動を集中して行う、ミドルパワー系のスポーツです。このような運動では専ら糖質を使ってエネルギーを生み出す乳酸系（解糖系）サイクルが使われます。

ここでは乳酸系の持久力を高めるためのフットワークトレーニングを紹介していきます。

試合課題に即した身につけたいフットワークを取り入れたり、8回を5回、10秒前後ステップを無しにして休ませるなど、種目、回数を選手によって変えていきます。

バドミントンで主となるエネルギー供給システム

乳酸系（30〜60秒）※ブドウ糖からエネルギーを作り、その過程で乳酸ができる代謝サイクル。

60秒以上の運動になると人のカラダは酸素や脂肪を使ってエネルギーを作る有酸素系という代謝サイクルが働くようになる。

メニュー

①スマッシュ→プッシュ 20秒＋10秒ステップ×8回

②サイドレシーブ 20秒＋10秒ステップ×8回

③レシーブ→プッシュ 20秒＋10秒ステップ×8回

④後ろV字スマッシュ 20秒＋10秒ステップ×8回

⑤前衛プッシュ 20秒＋10秒ステップ×8回

※各メニューの間で1分休憩

フットワークを身につける　フットワークトレーニング

MENU 01 スマッシュ→プッシュ 20秒＋10秒前後ステップ×8回

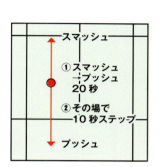

前後に動きスマッシュとプッシュのイメージで動きます。

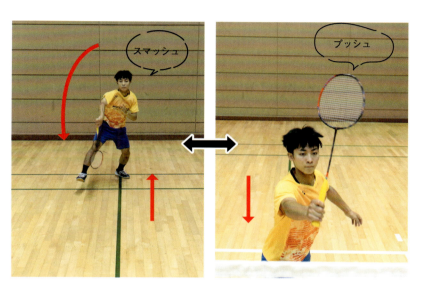

その場で 10秒前後ステップ

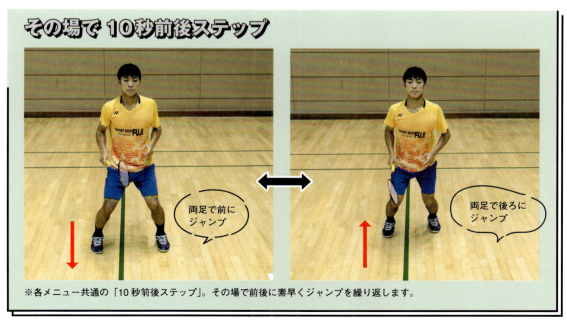

※各メニュー共通の「10秒前後ステップ」。その場で前後に素早くジャンプを繰り返します。

Part 1 基本動作の習得

MENU 02 サイドレシーブ20秒＋10秒前後ステップ×8回

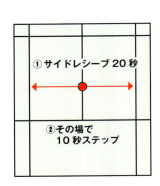

両サイドに交互に飛んで来るシャトルを素早くレシーブするイメージで動きます。

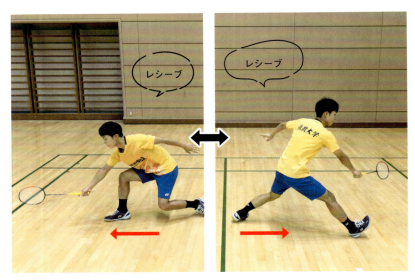

MENU 03 レシーブ→プッシュ20秒＋10秒前後ステップ×8回

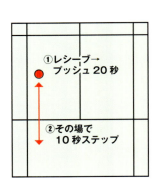

レシーブをした後、前方に来るシャトルをプッシュするイメージで動きます。

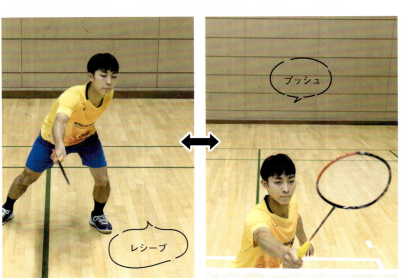

フットワークを身につける　　フットワークトレーニング

MENU 04　後ろV字スマッシュ20秒＋10秒前後ステップ×8回

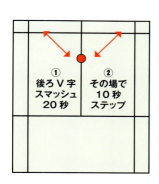

V字を描くようにして中央から左右交互に下がりながらスマッシュで返すイメージで動きます。

MENU 05　前衛プッシュ20秒＋10秒前後ステップ×8回

ネット前に来たシャトルをプッシュで返すイメージで動きます。

Part 1 基本動作の習得

Column 01
トレーニングの「当たり前の基準」を上げよう

　バドミントンの練習はきついとよく言われますが、それは強度設定が間違っているからかもしれません。

　過度な練習をするのではなく、トレーニング1回あたりの運動強度を少しずつ上げていくことで、「自分にとってこれは当たり前にこなせる」という練習レベルを少しずつ上げていくことができます。

　その上で大事なのは**「ちょっときつい」くらいの練習をきちんと継続すること**。ちょっときつい練習がモチベーションの維持に適当なのです。

　反対に「めちゃくちゃきつい」練習を続けていると、オーバーワークや燃え尽き症候群になってしまい、「頑張ったから2、3日休もう」という状態が繰り返されてしまい、当たり前の基準が上がりにくくなります。そしていつのまにか練習がおろそかになってしまうリスクが高まります。

　ちょっときつい練習を毎日続けていくと、前にかなりきついと思っていた練習が当たり前になっていく。これを続けていくと**「中級者のかなりきつい」が「上級者の当たり前」になっている**でしょう。このようにして、体力の増強が進んでいくということを覚えておいてください。

Part 2 ノック形式のトレーニング

Part 2 ノック形式のトレーニング

シングルス3種目連続トレーニング

Part2では、ノック形式で行うさまざまなトレーニングを紹介します。まず、バドミントンで必要となる筋持久力の強化（＝乳酸系サイクルの強化）を目的とした、シングルス3種目連続トレーニングです。最初に前面のヘアピン（前V字ヘアピン）を左右交互に12球打ちます（MENU01）。次にサイドのドライブを左右交互に12球打ちます（MENU02）。最後にスマッシュを打ってからのドライブを左右交互に12球打ちます（MENU03）。全部で36球を目安に打つようにします。順番、組み合わせは自由。1種目20秒程度、3種目トータルで約1分間かけて行います。乳酸系サイクルをフル回転させるトレーニングなのでとてもきついですが、チャレンジしてみましょう。

MENU 01　前V字ヘアピン　12球

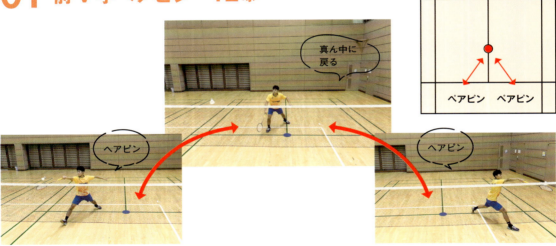

POINT
物足りない場合は強度を上げる

簡単にこなしてしまう生徒、物足りない感じでやっている生徒に対しては、球数を増やすのではなく、飛びつき（ジャンプして打つ）で打たせるなどして、1球ごとの強度を上げていくようにします。

基礎練習でうまくなる　シングルスのトレーニング

MENU 02　サイドドライブ　12球

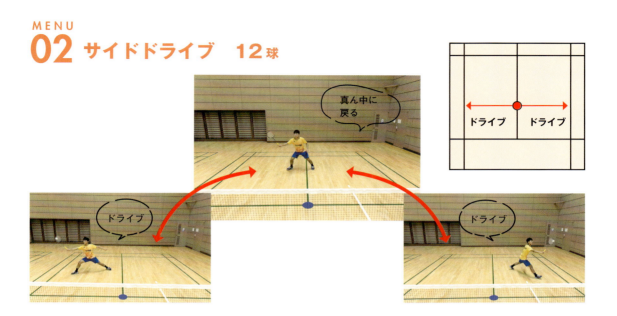

MENU 03　スマッシュドライブ　12球

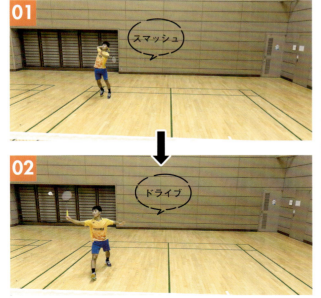
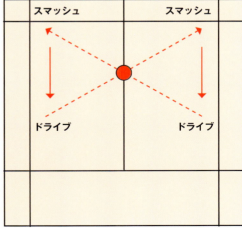

Part 2 ノック形式のトレーニング

スマッシュネット・スマッシュドライブ

スマッシュを打った後、よく「真ん中に戻れ」と指導されることがありますが、よいスマッシュが打てれば、相手の返球は前にしか返ってこないので、真ん中に戻る必要はありません。それよりも、すぐ前に出てヘアピンをするべきです。真ん中に戻っていると高い打点でヘアピンが打てません。この動きを敏速的確に行えるように「スマッシュネット」を行いましょう。前半12球（MENU01）はフォア奥の球をストレートの方向にスマッシュ、続いてフォア前の浅い球をヘアピン、次にラウンド側の球をスマッシュでストレートに返し、次いでバック前の浅い球をヘアピンで返す、といった動きを繰り返します。

後半12球（MENU02）はフォア奥の球をクロスのスマッシュ、バック前の浅い球をヘアピン、ラウンド側の球をクロスのスマッシュ、フォア前の浅い球をヘアピンで返す、といった動きを繰り返します。

MENU 01 ストレート 12球

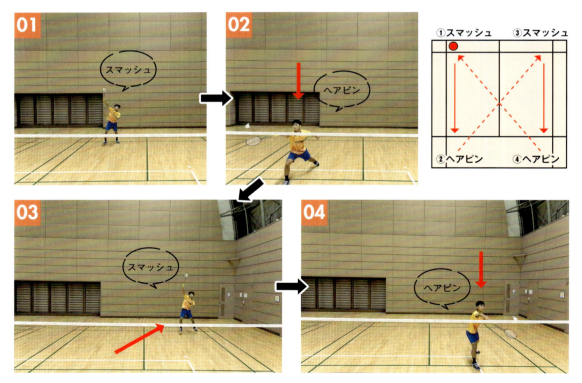

基礎練習でうまくなる　スマッシュ練習

MENU 02 クロス　12球

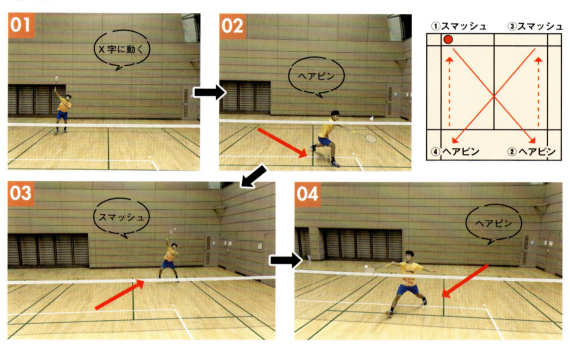

POINT　より上級者向けのスマッシュドライブ

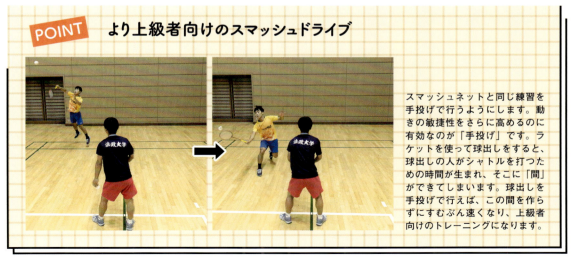

スマッシュネットと同じ練習を手投げで行うようにします。動きの敏捷性をさらに高めるのに有効なのが「手投げ」です。ラケットを使って球出しをすると、球出しの人がシャトルを打つための時間が生まれ、そこに「間」ができてしまいます。球出しを手投げで行えば、この間を作らずにすむぶん速くなり、上級者向けのトレーニングになります。

Part 2 ノック形式のトレーニング

シングルスのレシーブ練習

　レシーブ練習の意義は、反応力を高められるかどうかにあります。そのためレシーブ練習では球出しする人が「間」を作ることなく、次々と球を供給することが求められます。

　シングルスのレシーブ練習は、打ったら真ん中に戻ってから、次に来る球をさばくといったスタイルの練習がおすすめです。

　ここで紹介する練習は、①真ん中からスタートし、奥の球をクリア→真ん中に戻る→サイドのレシーブ、この繰り返しで12球（MENU01）、②真ん中→前方の球をロブ→真ん中に戻る→サイドのレシーブ、この繰り返しで12球（MENU02）合わせて連続で24球打つ練習を行います。球出しはノックと手投げどちらで行ってもよいでしょう。

MENU 01　クリア→サイドレシーブ　12球

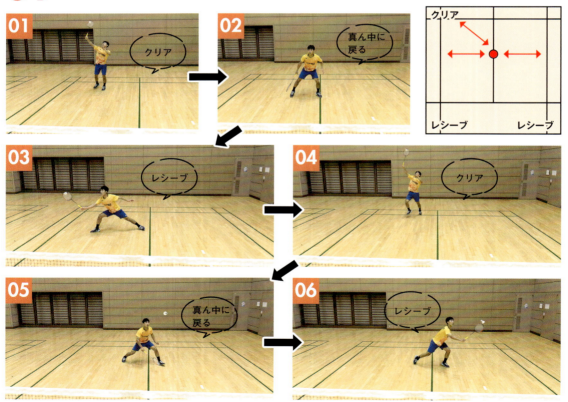

基礎練習でうまくなる　シングルスのレシーブ練習

MENU 02 ロブ→サイドレシーブ　12球

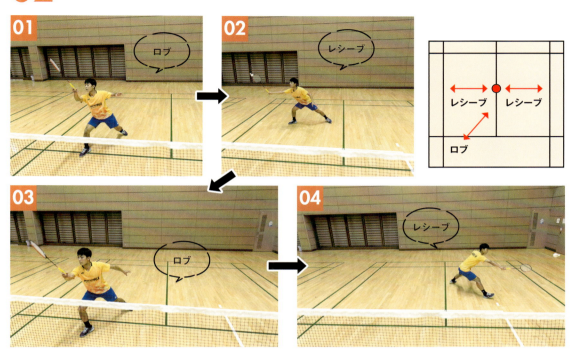

POINT
間を作らずに手投げで球出しすれば強度の高いトレーニングに

ノックだと間ができてしまうので球出しを手投げにするのは効果的です。さらに1人がノックで出し、もう1人が手投げ、といったように2人で球出しをすれば、間を作らずに球を供給することができ、より強度の高いトレーニングになります。

指導法　球出しもうまくなろう

シャトルは慣れてくれば12球の束を2つ＝24球を片手で持てるようになります。また指の使い方もうまくなり、シャトルを1球1球、スムーズに送り出せるようになっていきます。球出しもうまくなると面白いですし、バドミントン自体もうまくなるので、楽しんで行いましょう。また、1人で球出しできるようになれば、球渡しも減るので、もう1人はフィジカルトレーニングなど、他のことができて効率よく練習ができます。

Part 2 ノック形式のトレーニング

ダブルスの前衛・飛びつき

　この練習はダブルスの前衛を想定した、至近距離からの攻撃力を高めるための練習です。

　片方のサイドからフォア、フォアと続けてプッシュを打ち、サイドを変えて最初の1球をバック、続いてフォアと打つようにします（MENU01）。バックで打つ球を1球入れる理由は、実際のゲームでは遠い球がバックサイドに来て、バックで返すといったケースが出てくるからです。右側2球、左側2球を交互に行います。全部で24球を打ちます。次にサイドに12球をあげて、これを飛びついてスマッシュで打つようにします（MENU02）。2種目連続して行ってもよいですし、前衛と飛びつきを分けて行ってもよいです。

MENU 01　前衛フォア→バック　24球

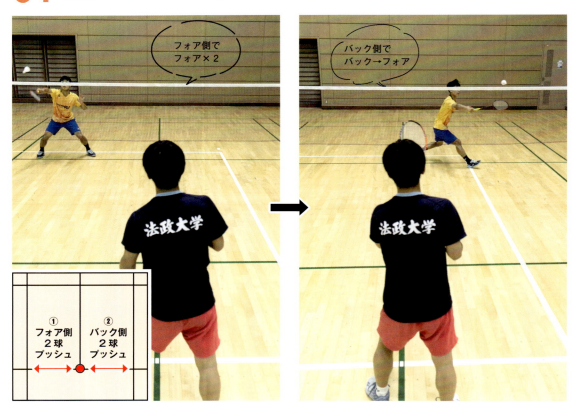

基礎練習でうまくなる　ダブルスの前衛練習

MENU 02　サイド飛びつき　12球

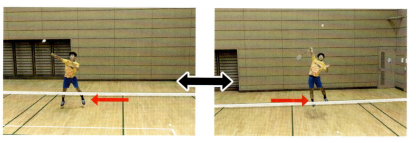
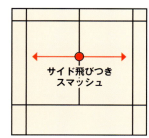

サイド飛びつき
スマッシュ

POINT　左手を上げて止める

前衛では両手を上げた状態で構えるのが大事です。ラケットを持たない方の腕を下ろすとラケットを持つ腕がラケットを振る動きにブレーキがかけにくくなり、下まで振ってしまい、動きにロスが出ます。すると次の体勢が取りにくくなり、スキが生まれ、相手に攻撃の糸口を与えてしまうことになります。

NG　左手を下げていると下まで振ってしまう

ムダになる

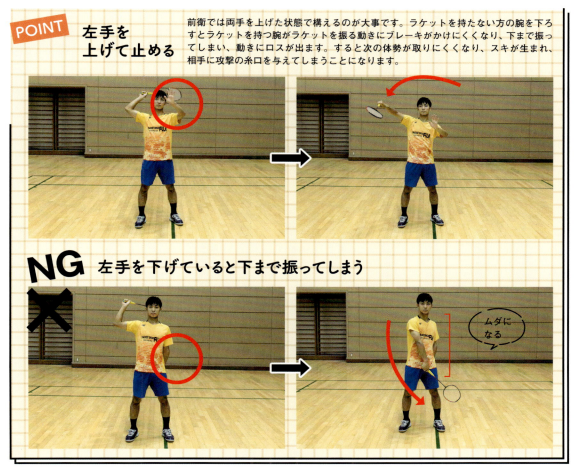

75

Part 2 ノック形式のトレーニング

ダブルスの攻撃パターン練習①

　ダブルスの攻撃パターン練習です。「スマッシュ・ドライブ・プッシュ・プッシュ」練習（MENU01）では、スマッシュを打ったら前に移動して、ドライブを打ったら、ネット前へ詰めプッシュ・プッシュと続けて2球打ちます。これを3回繰り返します。続けてラウンド側も同様に3回繰り返します。全部で24球を打ちます。

　次に「スマッシュだけを繰り返し打つ」練習をします（MENU02）。スマッシュをフォア側2球、ラウンド側2球と続け、12球。

　バドミントンは速いスマッシュがゲームを有利に導きます。力強いスマッシュを安定して打つ力を養うことが重要となります。

MENU 01 スマッシュ・ドライブ・プッシュ・プッシュ

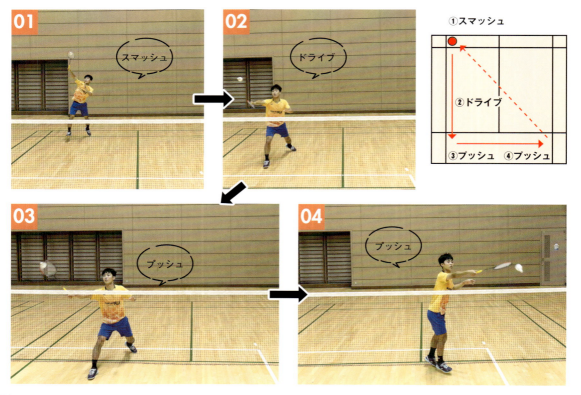

| 基礎練習でうまくなる | ダブルスの攻撃パターン練習 |

MENU 02 スマッシュフォア＆ラウンドを2球ずつ

スマッシュを打つことに特化した練習になります。他のショットを打たずスマッシュだけを打つことで、フォームを固め、力強いスマッシュを安定して打つ力を養うことを目的としています。

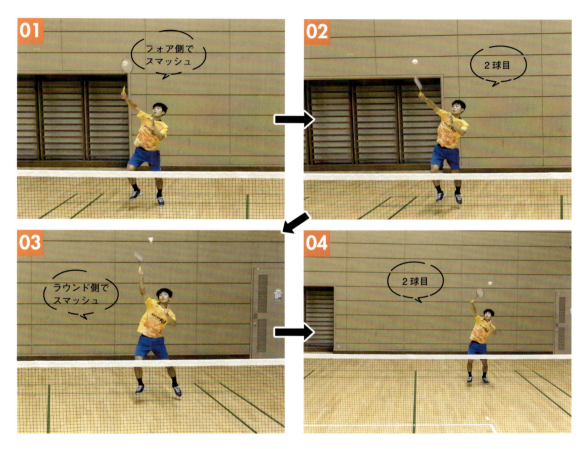

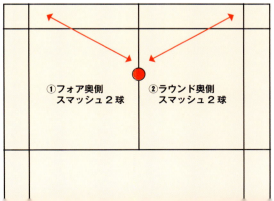

POINT
連続してスマッシュを打つ力をつけよう

ゲームではスマッシュを打っても返されることがあるので、続けていいスマッシュを打てる力をつけるようにします。

Part 2　ノック形式のトレーニング

ダブルスの攻撃パターン練習②

　2人で交互にドライブとプッシュを打つ練習です。1人12球、計24球を以下の右ページのパターンで進めます。
　①フォア回りのドライブ・プッシュ→②バック回りのドライブ・プッシュ→③フォアからクロス方向へのドライブ・プッシュ→④バックからクロス方向へのドライブ・プッシュを行いましょう。
　2人で交互に打つので、この練習では、球出しは手投げで行うようにします。

MENU 01 フォア回りのドライブ→プッシュ

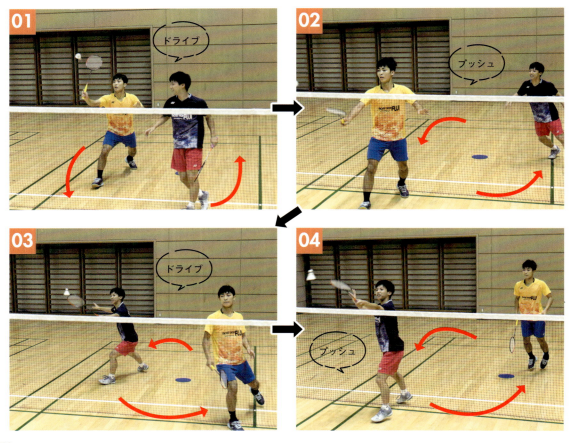

基礎練習でうまくなる　　ダブルスの攻撃パターン練習

MENU 01 フォア回りのドライブ・プッシュ

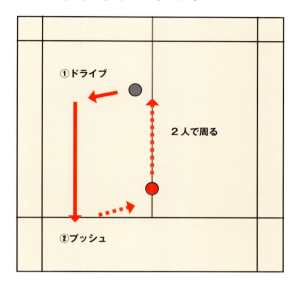

MENU 02 バック回りのドライブ・プッシュ

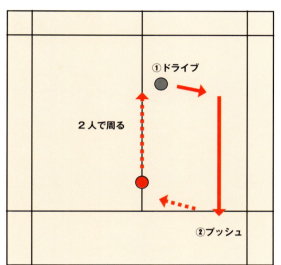

MENU 03 フォアからクロス方向へのドライブ・プッシュ

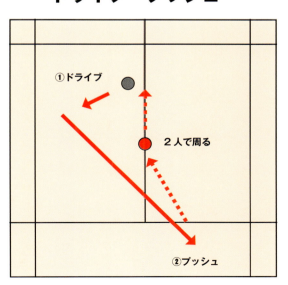

MENU 04 バックからクロス方向へのドライブ・プッシュ

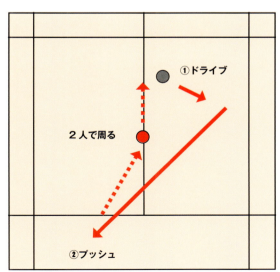

Part 2 ノック形式のトレーニング

プッシュのローテーション

プッシュのローテーション練習は球出しを手投げで行います。これにより多人数でもポンポンポンとリズミカルにプッシュ練習を進めていくことができます。以下の3種類のプッシュを打ち分けるようにします。

MENU 01 プッシュ

MENU 02 ストレート前に落とす

MENU 03 クロス前に落とす

練習法

ランダムに指示を出す

②→①→③など、ランダムに指示を出しながら、複数人でローテーションして行います。

| 基礎練習でうまくなる | プッシュのローテーション |

実際の試合で使えるワンステッププッシュ

プッシュを使った上級テクニックを紹介します。通常、上の写真のようにネット近くにいてスペースがない場合、相手はロブを打ってきます。そこで、下のようにネットとの間にわざとスペースを作ることで、相手がヘアピンを打ってくるように誘います。ヘアピンを打ってきたら、そこからワンステップで一気にスペースを詰めて、プッシュを打ちます。脚力がある上級者ならではの戦術的なテクニックです。

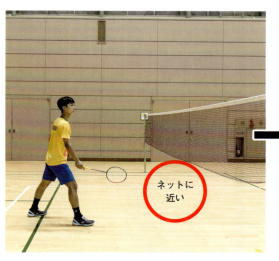

ネットに近い

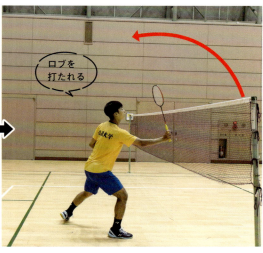

ロブを打たれる

上級者の場合

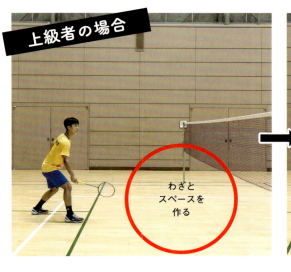

わざとスペースを作る

ヘアピンをプッシュで返す

Part 2 ノック形式のトレーニング

ネット前の技術練習

　バドミントンはネット型のスポーツなので、ネット前での技術が優れていると大きなアドバンテージを作ることができます。

　ネット前でのショットでは手首の使い方が非常に大事。手首の使い方がしなやかで多彩であればあるほど、ネット前のショットもしなやかで多彩になっていきます。

　ネット前で多彩な攻撃を仕掛けられれば仕掛けられるほど、相手は「この人は何をしてくるかわからない」と警戒をして慎重になり、一歩目の動きに遅れが出てきます。そうなると有利にゲームを進めやすくなります。

　ここで12種類のネット前の技術を紹介しますので、1つでも多く覚えてみてください。

MENU 01　フォワードスピン　ヘアピン

手首を内側に回してシャトルを切るようにして打ちます。

MENU 02 バックワードスピン　ヘアピン

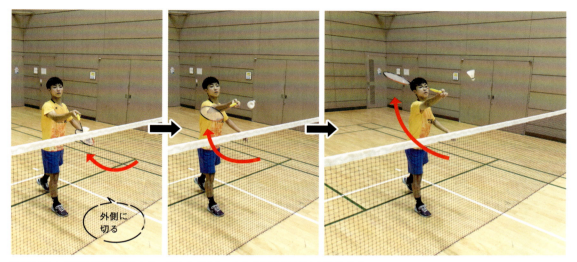

MENU01とは逆に手首を内から外へ回しながらシャトルを切るようにして打ちます。

MENU 03 クロスヘアピン

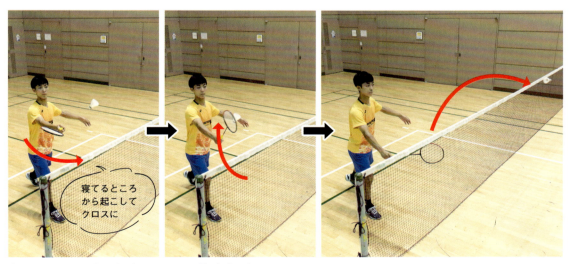

寝かしたラケットを起こすようにしてクロス側に打ちます。

Part 2 ノック形式のトレーニング

　バドミントンには、デセプション（まどわす）という技術があります。相手が何を打つか読めないように打つ技術で、その1つにフェイントの動作があります。

　フェイントは直前に打つ方向を変えたり、大きく打つと見せかけて小さく打ったりすることで相手を惑わせるショットです。

　何度かフェイントをすると、相手は「この人は何をしてくるかわからない」と思い、一歩目の動きが鈍ってきます。そうなればどんどん自分のペースになっていきます。ここでは相手の裏をかくさまざまなフェイントのテクニックを紹介していきます。

MENU 04 クロスと見せかけてストレート

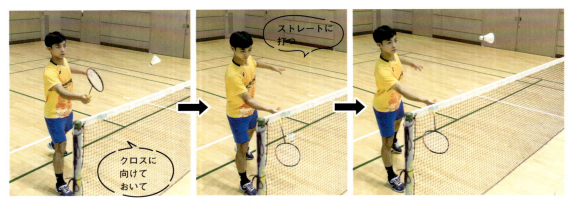

ストレートに見せかけてクロスに打つという手もあります。

MENU 05 ヘアピンと見せかけてロブ

シャトルを引きつけてから手首を強く返して打ちます。

MENU 06 ロブと見せかけてヘアピン

大きく打つと見せかけて小さく打つショットです。

MENU 07 アタックロブ（ストレート）

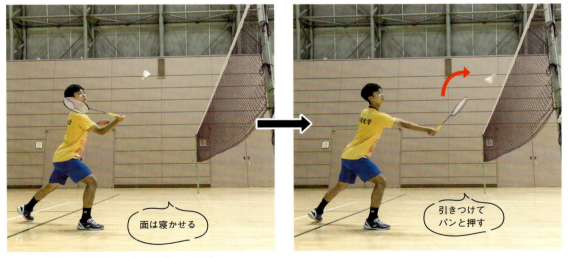

打つ瞬間に手首で強く押し出すのがポイントです。

Part 2　ノック形式のトレーニング

　ここではちょっとトリッキーなフェイント技術を紹介します。ラケットをワイパーのように回したり、手首を逆方向にひねって打ったりすることで、相手が思いもつかない方向にシャトルを飛ばすことができます。

　強くてしなやかな手首、そして、相手のラケットが届かないスペースをすばやく見つける広い視野や余裕ができてくると、「ここでフェイントを使ってみよう」と思えるようなチャンスがどんどん出てきます。フェイント技術のレパートリーを増やして、いろいろなシーンで効果的なフェイントを使えるようにしていきましょう。

MENU 08　アタックロブ（クロス）

広角に打つことを意識しながら手首の返しで打ちます。

MENU 09　プッシュ

車のワイパーのようにラケットを回しながら打ちます。

基礎練習でうまくなる　ネット前の技術練習

MENU 10 ロブと見せかけてクロスに

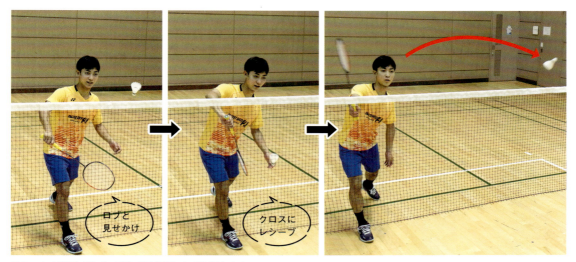

ラケットの裏面で当て、手首の甲を回しながら打ちます。

MENU 11 フォアで入ってクロスに

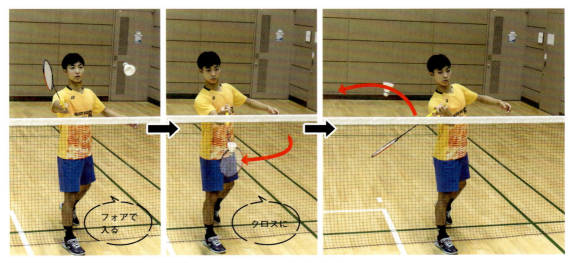

手首の返しで逆クロスに打つショットです。

87

MENU 12 応用テクニック

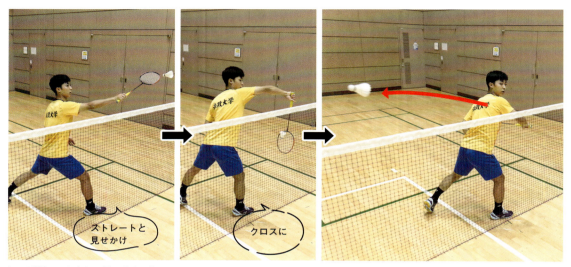

打つ瞬間に面を変えて斜め方向に打ちます。

NG ✕ ずっと同じ打ち方はやめよう

同じ打ち方の反復練習を続けていると、その動き方しかできず、応用的・発展的な動きが苦手になりがちです。ネット前でできるいろいろなテクニックを知り、しなやかな動きを身につけましょう。

Part 3 ラリーを続けるための
トレーニング

Part 3 ラリーを続けるためのトレーニング

1対1形式の練習　ルールを決めてラリー

ここで紹介するのは、基本ストロークを身につけることを目的とした1対1のラリー形式の練習です。適切なフォームやフットワークを使ってラリーを続けることを目的とした初級者向けの練習になります。

まずはドロップ、ヘアピン、ロブなど何を打つかあらかじめ決めておき、フォームをチェックしながら打つようにします。

指導者は、練習者が慣れてきたころを見計らって、ラリーの中でいろいろなシチュエーションを与えて、ショットを打ってもらうように配慮しましょう。

MENU 01　ドロップ→ドロップ→ヘアピン

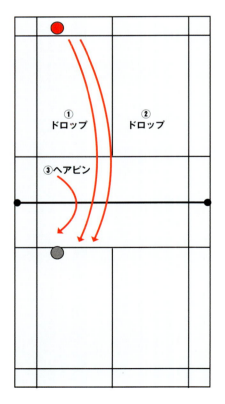

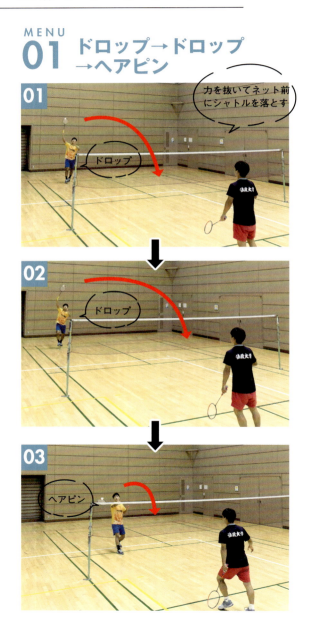

01　力を抜いてネット前にシャトルを落とす
ドロップ

02　ドロップ

03　ヘアピン

実戦練習でうまくなる | 1対1形式の練習

MENU 02 クリア→クリア→ロブ

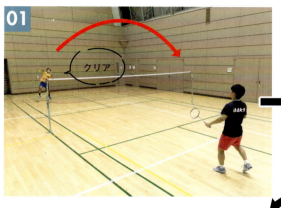

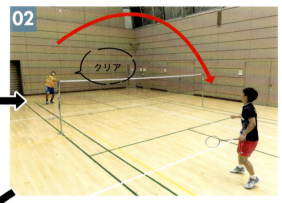

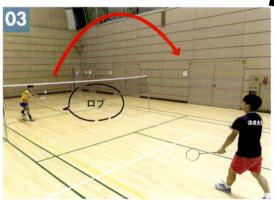

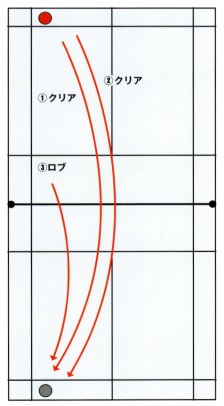

POINT
できるだけ動いて打つ

同じショットを繰り返し打っていると練習者は単調さを感じ、飽きてしまうので、いろいろなショットを打たせ、コート内をできるだけ動いてもらうようにします。

Part 3 ラリーを続けるためのトレーニング

1対1形式の練習　ランダムにラリー

　ラリーでは、コート内を前後左右にくまなく動き、シャトルを打ち返していく必要があります。ここで紹介する「オールショート」や「オールロング」は前後左右にランダムに飛んでくるシャトルを打ち返す練習です。

　練習者は「オールショート」で来たシャトルを全部前に返すようにし、「オールロング」では全部後ろに返すようにします。

　指導者は「ここはドロップ、次はヘアピン」などのように事前にどんなショットを打つかを示さずにシャトルを送り出すようにします。

　練習者にとってみれば、どんなショットが来るのかがわからないので、気の抜けない、油断できない練習となります。

MENU 01 オールショート

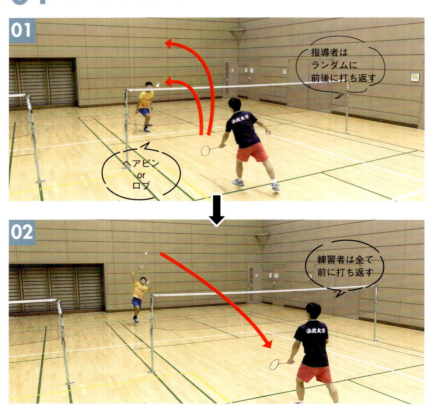

実戦練習でうまくなる　1対1形式の練習

MENU 02 オールロング

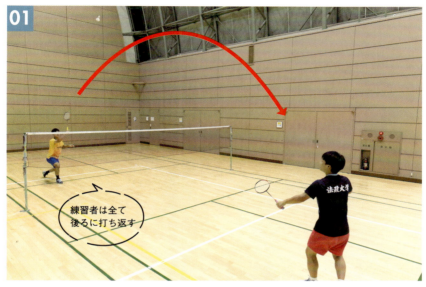

練習者は全て後ろに打ち返す

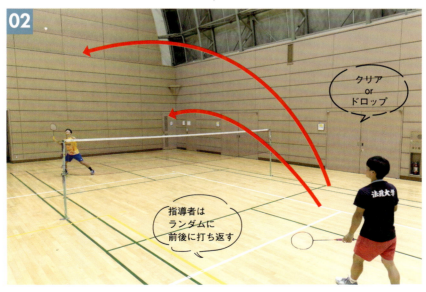

クリア or ドロップ

指導者はランダムに前後に打ち返す

Part 3 ラリーを続けるためのトレーニング

1対1形式の練習　チャリチャリ

「チャリチャリ」は、コート半面の限られたエリア内で、1対1で行うゲーム形式の練習です。チャリチャリでは、ショートサービスラインより前はアウト、またダブルスのロングサービスラインより後ろもアウトとなります。狭いエリアで行うチャリチャリでは、ドライブ系のショットを主体とした素早い展開の攻防が行われます。

チャリチャリは「探る」という意味を持つインドネシア語です。英語では「ボックス」、日本語では「四角」などとも呼ばれます。国際大会のアップでは定番の練習となっており、相手の腕前を知る目安となる練習としても知られています。

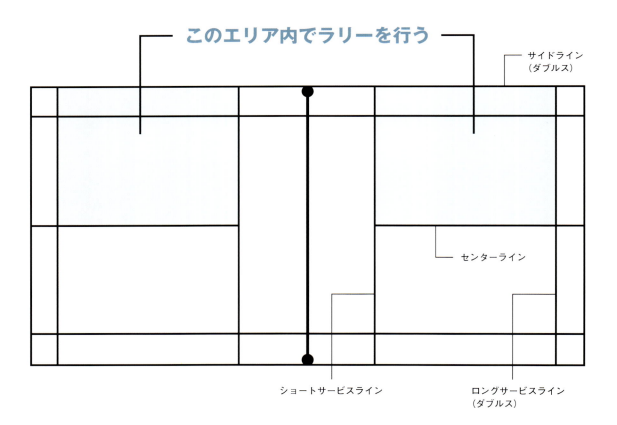

このエリア内でラリーを行う

サイドライン（ダブルス）
センターライン
ショートサービスライン
ロングサービスライン（ダブルス）

実戦練習でうまくなる　　1対1形式の練習

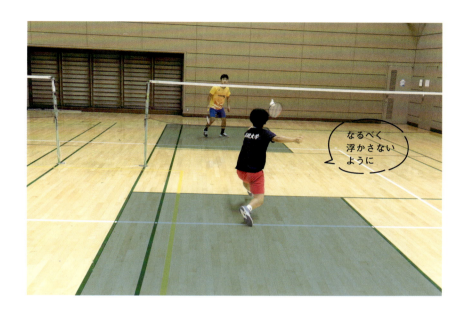

なるべく浮かさないように

POINT　チャリチャリはニュートラルゾーンで対応しよう

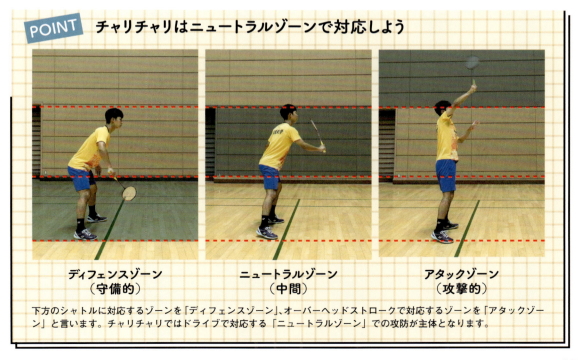

ディフェンスゾーン（守備的）　　ニュートラルゾーン（中間）　　アタックゾーン（攻撃的）

下方のシャトルに対応するゾーンを「ディフェンスゾーン」、オーバーヘッドストロークで対応するゾーンを「アタックゾーン」と言います。チャリチャリではドライブで対応する「ニュートラルゾーン」での攻防が主体となります。

Part 3　ラリーを続けるためのトレーニング

2対1形式の練習　シングルスのパターン練習

　コート全面が使える場合、2対1形式の練習は実戦向きのよい練習になります。1人のほうが練習対象者となり、2人がフィーダー（球出しをする人）をします。

　まず、練習対象者がフィーダーに向かって、フォア奥で2球クリア、ラウンド側で2球クリアを繰り返し打ちます（MENU01）。

　次に、ドロップ→ヘアピン→スマッシュ→ヘアピンを打つ練習を行います（MENU02）。どちらもシングルスの戦術的な動きを身に付ける良い練習になります。

　フィーダー側からすれば、コート半面のショットに対応すればよいので余裕が生まれ、さまざまなコースに打ち、相手を振り回すことができます。シングルスのラリー展開をパターン化して練習していくことでラリー力を高めていきます。

MENU 01 クリア

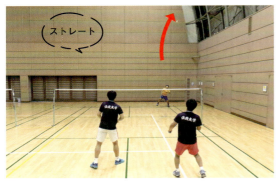

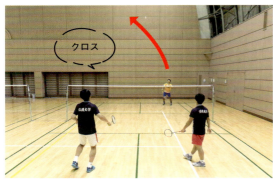

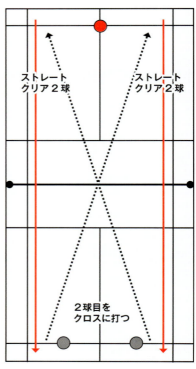

フォア奥で2球クリアを打ち、ラウンド側で2球クリアを打ちます。それぞれ2球目はクロスに打ちます。

実戦練習でうまくなる | 2対1形式の練習

MENU 02 ドロップ→ヘアピン→スマッシュ→ヘアピン

フォア側でドロップからのヘアピン、ラウンド側に回ってスマッシュ、クロスに動いてからのヘアピン、という動きを繰り返します。

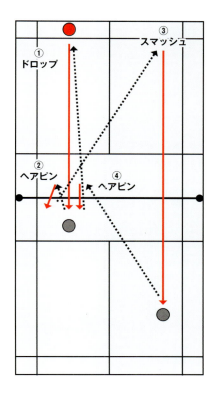

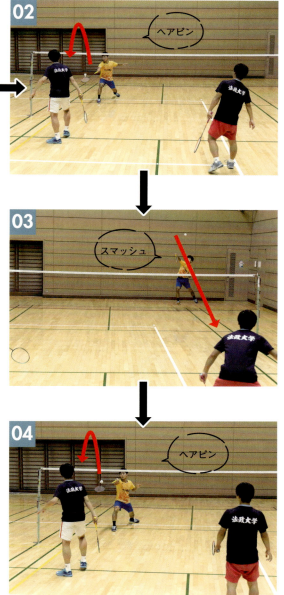

Part 3 ラリーを続けるためのトレーニング

2対1形式の練習

2対1形式の練習はコートを広く使えます。そのメリットを生かして積極的にクロスに打つことを心がけましょう。

MENU 03 ドロップ→カット→バックハンドストレート

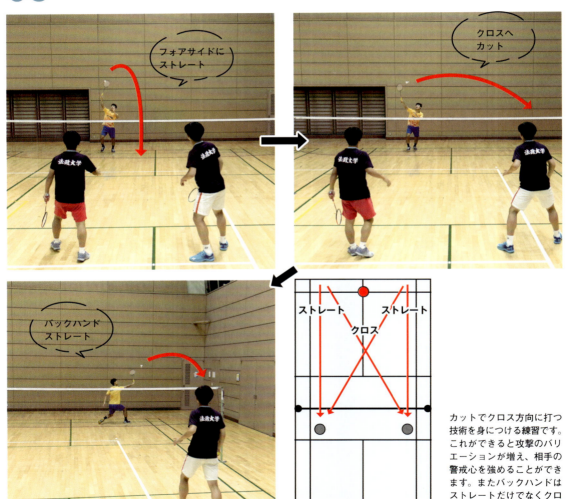

カットでクロス方向に打つ技術を身につける練習です。これができると攻撃のバリエーションが増え、相手の警戒心を強めることができます。またバックハンドはストレートだけでなくクロスにも打つようにして、広角的にショットを打つ意識を高めていきましょう。

実戦練習でうまくなる　2対1形式の練習

MENU 04 クリア→クリア→クロスヘアピン→スマッシュ→ロブ

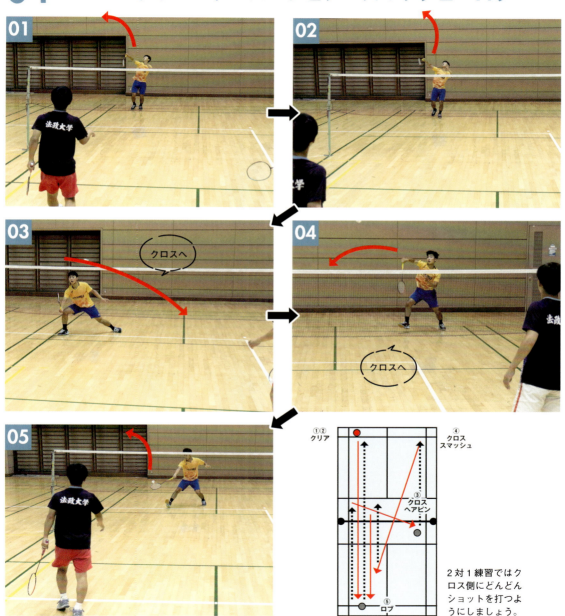

2対1練習ではクロス側にどんどんショットを打つようにしましょう。

Part 3 ラリーを続けるためのトレーニング

POINT カットを覚えるとプレーの幅がひろがる

フォア側　グリップの八角形の四隅に親指

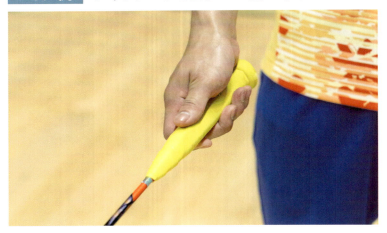

バドミントンのラケットはグリップが八角形になっています。八角形の中で細くなっている面四隅に親指を当てるようにして握って打つとカットになります。カットはシャトルを擦るように打つので、強い振りで打っても、斜めに失速して沈んでいくような軌道になり、相手の意表を突く球になります。

フォア側のカット

右手持ちの人の場合、ほんの少し右側に開くようにして握ります。シャトルが擦られて左斜め下に落ちていくような軌道になります。

ラウンド側のカット

フォア側とは反対に、ほんの少し左側に開くようにして握ります。右斜め下に沈んでいくような軌道になります。

実戦練習でうまくなる　　2対1形式の練習

打つ直前までは同じ位置

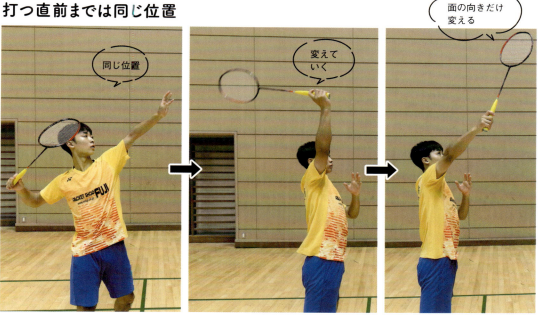

打つ直前まで相手に悟られないようにする

相手にカットを打つことを悟らせないためにストレートに打つと見せかけます。

構えの段階でカットの持ち方がわかってしまうとフェイントの効果が減弱します。

Part 3 ラリーを続けるためのトレーニング

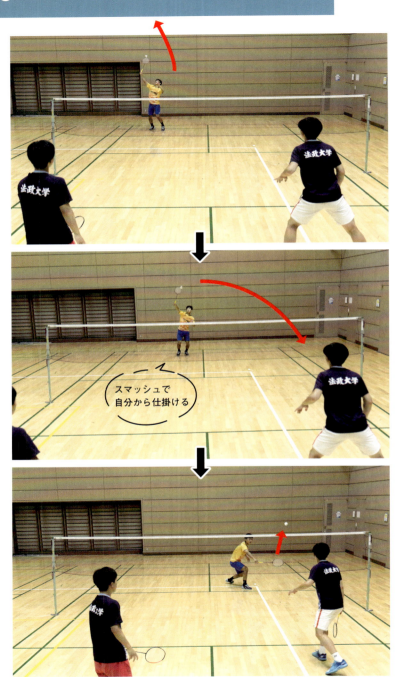

MENU 05

クリア→スマッシュ（クロス）→ヘアピン

自分が攻める体勢を作るためのパターン練習です。クロスにスマッシュを打ち、相手が返した球をヘアピンで打つ攻撃で相手を振り回しやすくなります。また、ストレートではなくクロスにスマッシュを打てるようになることで、先読みされないようになります。

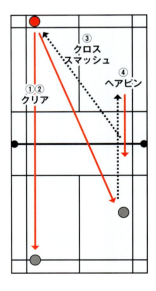

実戦練習でうまくなる　2対1形式の練習

POINT クロスショットのバリエーションで先読みを防ごう

バドミントンの練習はいつでもコートを全面に使えるというわけではありません。実際はコート半面での練習が多くなります。そのような環境ではクロスに打つ機会が少なく、ストレートに打つ習慣が身につき、この習慣が実際に試合でも反映されてしまいます。

ストレートロブやストレートクリアばかりだとショットが相手に先読みされ、相手は攻撃を仕掛けやすくなります。こうした練習環境によって身についた習性を変えていくにはクロスにヘアピンやスマッシュを打つ機会を持つことが重要になります。

攻撃にクロスショットというバリエーションができることで相手の先読みを防ぎ、足止めができるようになります。

ストレートのみしか打たない場合
先読みされる

クロスに打てるようになると
空きスペースができる！
クロスを警戒して中央にポジションを取る

Part 3 ラリーを続けるためのトレーニング

守備力向上のための練習方法
MENU 06 クリアからのスマッシュレシーブ

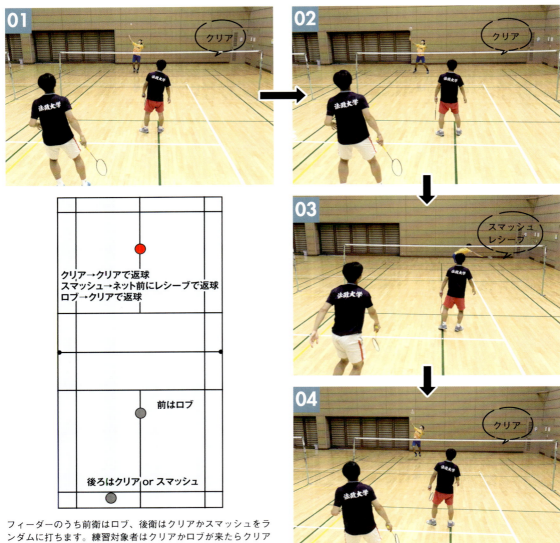

フィーダーのうち前衛はロブ、後衛はクリアかスマッシュをランダムに打ちます。練習対象者はクリアかロブが来たらクリアで返球します。スマッシュならネット前にレシーブで返球します。ディフェンス力を強化する練習です。

実戦練習でうまくなる　2対1形式の練習

MENU
07
ロブからの
スマッシュ
レシーブ

フィーダーのうち前衛はヘアピン、後衛はドロップかスマッシュをランダムに打ちます。練習対象者はドロップかヘアピンが来たらロブで返球します。スマッシュならネット前にレシーブで返球します。

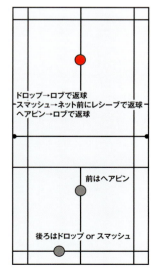

105

Part 3　ラリーを続けるためのトレーニング

2対2形式の練習

ダブルスのドライブローテーション

　ダブルスの練習では、1人が続けて2球ドライブを打ったら次の人に変わり、その人がドライブ2球を打ったら前に打った人に変わる、といったローテーション練習があります。

　2人でぐるぐる回りながら、ドライブを打ち続けるので、お互いのリズムを合わせていく必要があり、コンビネーションを高めるのに適しています。フォアハンドのストレートとクロス、バックハンドのストレートとクロス、とバリエーションを増やして行います。

　また、この練習をリズムよく行うためにはシャトルが浮かないように安定した軌道のドライブをお互いに打つことが重要です。

MENU 01　フォアハンド（ストレート）

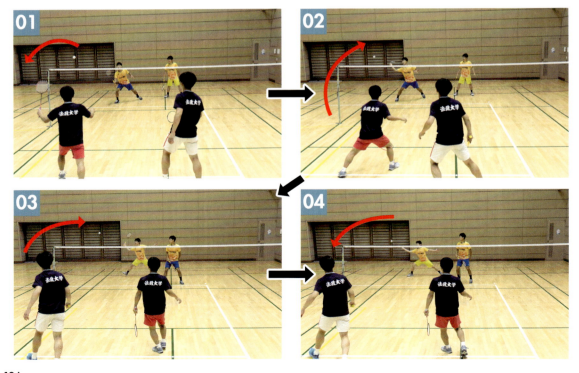

MENU 02 バックハンド（ストレート）

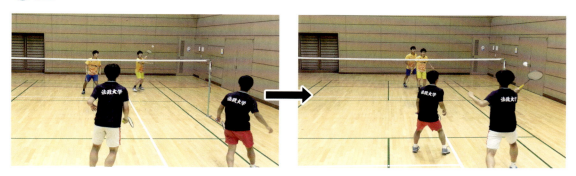

MENU 03 フォアハンド（クロス）

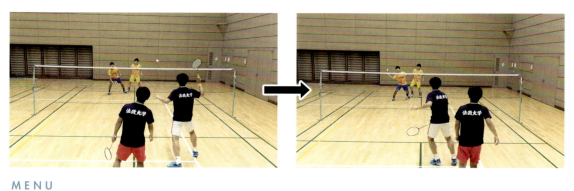

MENU 04 バックハンド（クロス）

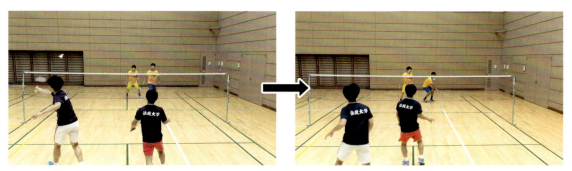

Part 3 ラリーを続けるためのトレーニング

注意の分散を高める
デュアルタスクトレーニング

　パターン化された練習ではシャトルの動きだけに注意して、自分の打ちたいショットを打てばよいのですが、実際の試合では、シャトルだけでなく、相手の立ち位置や動きなどにも注意を払いながら、相手のいないところに打つ力が求められます。

　またダブルスになると、パートナー、2人の相手、シャトルの動き、とさまざまなことに注意を向ける必要があります。

　注意を分散させながら自分のすべきことをしっかり遂行できる力をつけるためのトレーニングとしてここではデュアルタスクトレーニングを紹介します。これらは、2つのことを同時に行う状況を設定し、それを実際に淡々とこなしていくという内容になります。

シャトルを打つとき
A の状況・B の状況・C の状況を考慮して行う
→注意が分散される

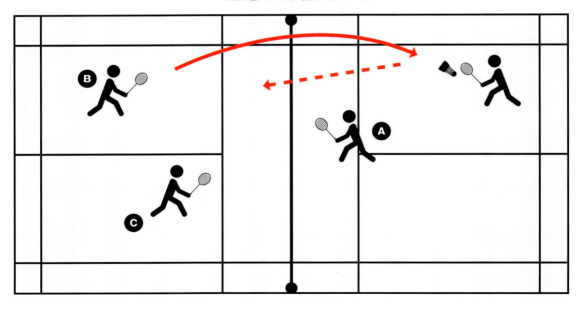

実戦練習でうまくなる　　注意の分散

MENU 01 リフティング・ヘアピン

ストライカーはリフティングを続けながら、フィーダーにシャトルを投げてもらい、目の前を飛んでくるシャトルをヘアピンで返していきます。

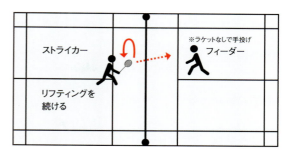

フィーダー→ネット前にシャトルを投げる
ストライカー→ヘアピン

Part 3 ラリーを続けるためのトレーニング

MENU 02

ドライブ・クロスレシーブ

ストライカーはフィーダーAとドライブを続けている中で、フィーダーBからシャトルが飛んでくるのでそれをクロスにレシーブする。

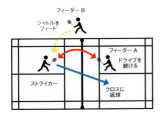

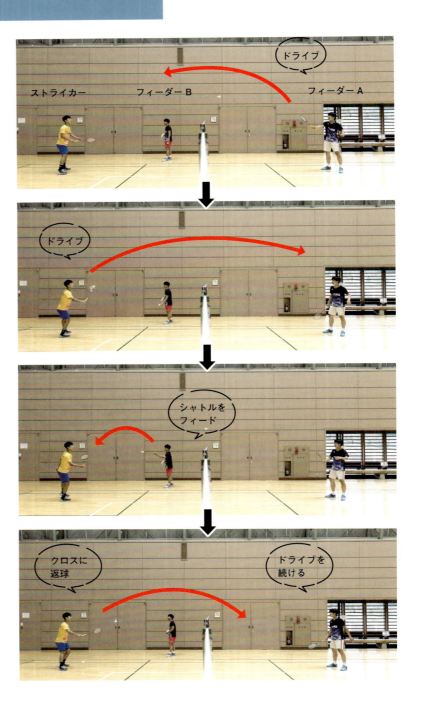

実戦練習でうまくなる　　注意の分散

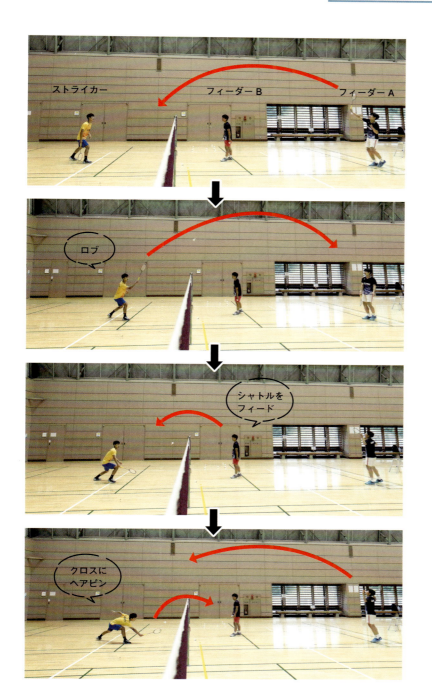

MENU
03

ロブ・
クロスヘアピン

ストライカーはフィーダーAとロブを続けている中で、フィーダーBからシャトルが飛んでくるのでそれをヘアピンでクロスに返します。

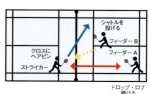

Part 3 ラリーを続けるためのトレーニング

MENU 04 クリア・ヘアピン（全面）

ストライカーはフィーダーAとクリアを続けている中で、フィーダーBからシャトルが飛んでくるのでヘアピンで返し、一方でクリアは続けます。

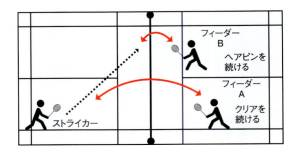

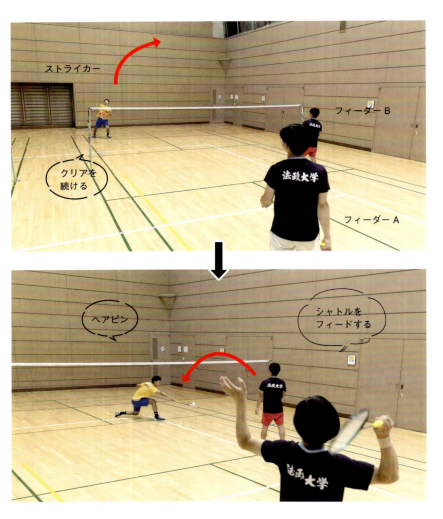

実戦練習でうまくなる　　注意の分散

MENU 05 クリアを打ったら、シャトルを外へ弾く

コート内にシャトルを立てて置き、クリアをしている最中にそのシャトルをコート外へ弾き飛ばしていきます。シャトルを投げる人がいないときにできるデュアルタスクです。

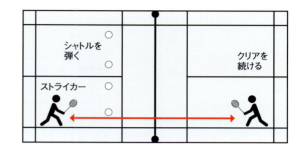

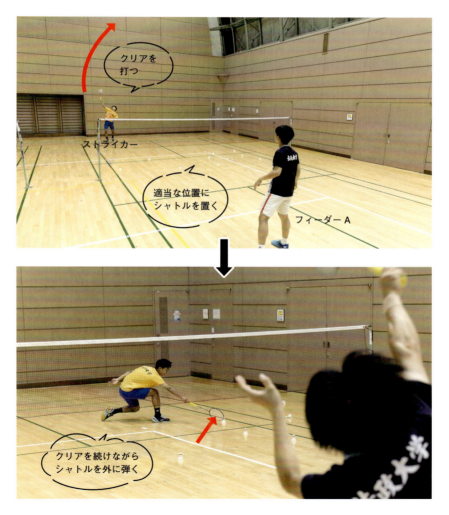

Column 02
シャトルの軌道を予測する

　バドミントンはどこにシャトルが飛んで来るかを予測することがとても大事です。実際に私たちは2つの方法でシャトルが飛んで来る位置を予測しています。

　1つは**「脳の認知システムによる予測」**。過去に見てきた配球パターンや相手のフォームと打ち出されるシャトルの軌道に関する情報を脳の中で瞬間的に照合して、「このケースではここに来る」といったように、自分の記憶を頼りにした予測を行います。この予測システムは脳の「ワーキングメモリ（作業記憶）」という能力が関与します。ワーキングメモリは心の黒板とも呼ばれ、記憶された情報を黒板に書き出し、次の展開を予測していきます。

　もう1つは**「脳の運動システムによる予測」**。相手の動作に即した筋活動を脳内で再現して予想することが近年わかってきました。

　つまり、相手がスマッシュなどのストロークを行うときに活動する脳領域と同じような脳領域が自分の脳でも活動するというわけです。

　でも、この脳の運動システムについては**「自分でできる動作しか脳は模倣しない」**ということもわかっています。

　だから経験の少ない人の場合、脳内で模倣活動が行われないので、ぽかんとして見ているだけになってしまうのです。

　この2つの予測システムは、**どちらも鍛えられます。**

　脳の認知システムによる予測は、ラリー展開を覚えるようにすることで、ワーキングメモリの容量が増えて、より予測ができるようになります。**ワーキングメモリの能力が高まると、注意を向けられる容量が増えて、集中力が増すことが知られています。**

　また、脳の運動システムによる予測は、相手の打ち方をまねしてやってみたり、自分の技術レベルを高めていろいろなストロークができるようになることで予測能力が増します。

Part 4 １人でできるカラダづくり

Part 4　1人でできるカラダづくり

フィジカルトレーニング

　バドミントンのゲームで高いパフォーマンスを続けるには「素早く動けるよい姿勢」を保つ必要があります。

　素早く動けるよい姿勢とは、「ピラーを立て、重心を下げて構えること」で、ピラーとは「両肩から骨盤までの胴部分」を指します。

　ピラーを立て重心を下げるには、骨盤とヒザを曲げて腰を下ろす必要があります。これにはお尻の筋肉（大臀筋）が必要です。多くの人はお尻の筋肉（大臀筋）をあまり上手に使えません。バドミントンではお尻の筋肉（大臀筋）を刺激するフィジカルトレーニングの有効性が高いので、ここで紹介します。

MENU 01　ハンドスルー

回数／右腕5回、左腕5回

四つん這いの状態から片手を放し外側にカラダごとひねります。カラダのバランス感覚を高めます。

MENU 02　ハンドウォーク

回数／5回

ヒザを伸ばした状態で前屈し、手をついたら四つん這いになり、手を伸ばせるところまで伸ばしたらまた前屈の姿勢に戻ります。太もも裏の筋肉が強く刺激されます。

鍛えて強くなる　フィジカルトレーニング

MENU 03 マウンテンクライマー

回数/10回

両手をついた状態で左右のヒザを曲げ伸ばしたり、回旋したりします。安定した姿勢を保持しながら股関節を曲げます。

MENU 04 スクワットジャンプ

回数/5回

ピラーを立てた状態で軽くかがんでからジャンプをします。

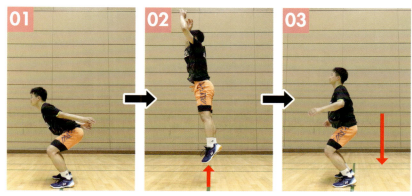

MENU 05 レッグシットアップ

回数/10回

お尻をついた状態から背中を床につけ、両足を交差させてから起き上がります。

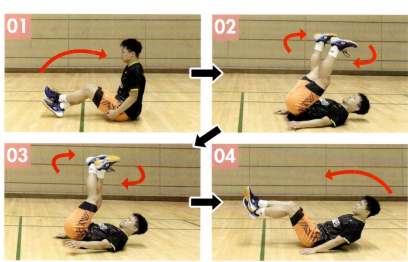

117

Part 4　1人でできるカラダづくり

MENU 06　プランクニートゥーエルボー

回数／右腕5回、左腕5回

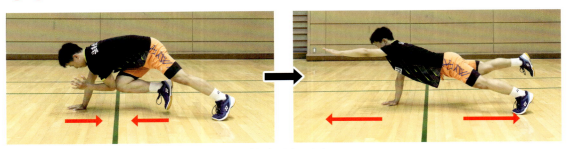

四つん這いの状態から片手を放し、片足ごとにヒザの曲げ伸ばしを行います。

MENU 07　ヒップリフト

回数／5回

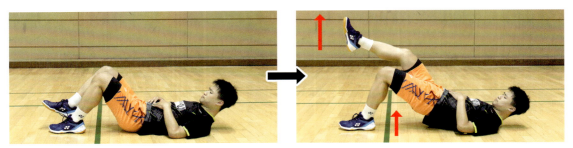

ヒザを曲げた状態で仰向けになり、その体勢からお尻を上げ、さらに右足、左足と上げていきます。

MENU 08　ダルマスタンドアップ

回数／5回

寝転んだ状態で足を曲げて、反動をつけて立ち上がります。

鍛えて強くなる　フィジカルトレーニング

MENU 09 スタンディングニートゥーエルボー

回数 / 右腕 5 回、左腕 5 回

ピラーを立てた状態でヒザの曲げ伸ばしと回旋を行います。

MENU 10 フロントランジ

回数 / 右足 5 回、左足 5 回

ピラーを立てた状態で片足を前に大きく出しながら腰を落とします。

MENU 11 フットタッチ

回数 /3 周

前に上げた片方の足を反対側の手でタッチします。交互に行ったあと、後ろに上げた片方の足を反対側の手でタッチします。これも交互に行います。

Part 4　1人でできるカラダづくり

MENU 12　1・2スクワット

回数 /5 回

2回軽くジャンプしてから両手を上げてヒザを曲げる（スクワット）。

MENU 13　カーフレイズ

回数 /10 回

直立の状態でかかとの上げ下げを行います。

MENU 14　インバーテッド ハムストリングス

回数 / 右5回、左5回

ピラーを保ちながら腰を曲げ、片足を上げ、太もも裏の筋肉を伸ばしていきます。手は伸ばした状態でも床につけてもかまいません。

鍛えて強くなる　フィジカルトレーニング

MENU 15 レッグバイク

回数 / 10 回

お尻を床につけた状態で自転車をこぐように両足を回します。

MENU 16 レッグレイズ

回数 / 右足 5 回、左足 5 回

仰向けの状態で股関節を動かす。

MENU 17 サイドレッグレイズ

回数 / 右足 5 回、左足 5 回

カラダを横向きにした状態で股関節を動かす。

Part 4　1人でできるカラダづくり

MENU 18　スパイダーマウンテンクライマー

回数 /10 回

両手をついた状態で横に足を出してお尻の筋肉を伸ばします。両足交互に行うようにします。

MENU 19　スタンディングトゥータッチ

回数 /10 回

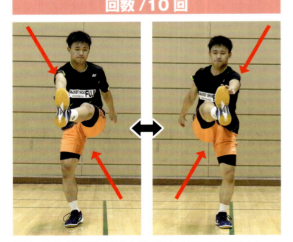

ピラーを立てた状態で足を上げ、足と反対側の手で足にタッチします。

MENU 20　バッククロスランジ

回数 / 右足 5 回、左足 5 回

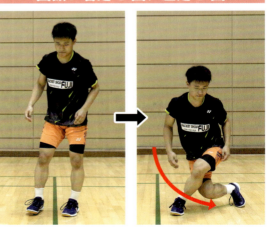

片方の足を後ろ方向にスライドさせながら腰を落としていきます。

鍛えて強くなる　フィジカルトレーニング

MENU 21 スプリットジャンプ

回数 / 10回

ジャンプと同時に片方の足を前に出して着地し、そのままできるだけ下方に腰を下げていきます。

MENU 22 バッククロスランチ

回数 / 右5回、左5回

ヒザをついた姿勢で手をつき、片手を上げるのと同時に反対側の足を後ろに伸ばしていきます。

MENU 23 ロシアンツイスト

回数 / 10回

お尻をついた姿勢でヒザを立て、両足は浮かせた状態で上半身を左右にひねっていきます。

MENU 24 スコーピオン

回数 / 右足5回、左足5回

四つん這いの体勢から片足を上げ、反対側の足の方向に下半身を横にひねりながら伸ばしていきます。

Part 4　1人でできるカラダづくり

ねんざ予防に効果のあるトレーニング

　バドミントンはねんざなどのケガが起こりやすいスポーツです。例えば相手のフェイントに素早く対応しようとしたときに、カラダがすでに別の方向に動いていると、そこで筋肉のねじれが発生し、ねじれが発生した状態で動くことでねんざや膝関節のケガなどが起こります。

　実際のところ、ねんざを確実に予防する方法はまだ確立されていないのですが、バランスディスクを使ったトレーニングを継続することで、ヒザや足首周りのバランス感覚が向上し、瞬時の調整力が高まることで、脳とカラダの誤作動によるケガを防ぐ効果が期待できます。その他、シャトルを使ったトレーニングや、片足でバランスを取るトレーニングも紹介します。

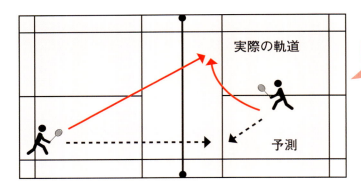

予測
ストレートのドロップ
実際
クロスのドロップ

↓

脳の誤作動が生じ、ケガをしてしまう！

MENU 01　バランスディスク

バランスディスクに乗って片足立ちをします。

MENU 02　片足でバランス

ピラーを保ちながら腰を曲げ、バランスを取りながら片足立ちをします。

鍛えて強くなる　バランストレーニング

MENU 03 シャトルを使ったバランス

片足立ちをしながら足元に置かれたシャトルを取っていきます（もう片方の足はつかないようにして取ります）。

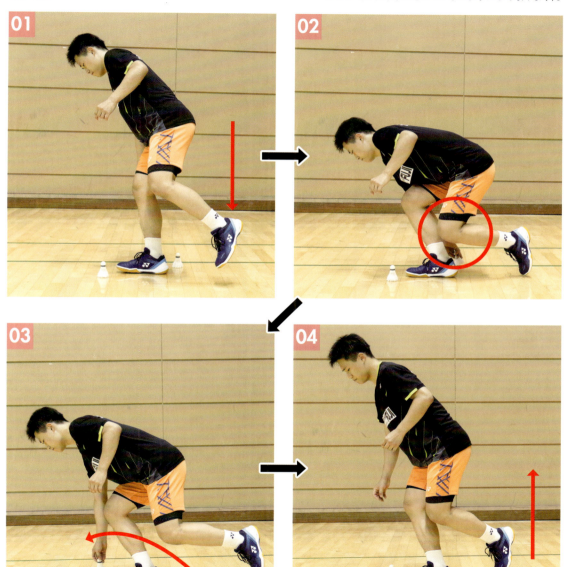

125

Part 4　1人でできるカラダづくり

ラダートレーニング

　前項で紹介したように、ねんざや膝関節などのケガは、脳が行こうとする動きと実際のカラダの動きが違ってしまうことで、一瞬、筋肉がコントロールできない状態となり、そこに強い負荷がかかることで起こります。

　そのような脳とカラダの誤作動によって起こるケガを防ぐ効果が期待されるトレーニング方法としてバランスディスク同様、ラダーを使ったトレーニングも注目されています。

　ラダートレーニングではいろいろなパターンで足を動かします。ラダートレーニングを継続し、素早く方向転換する力を養うことで、脳が誤作動を起こしても素早く姿勢を立て直し、大ケガを防ぐ効果が期待できます。

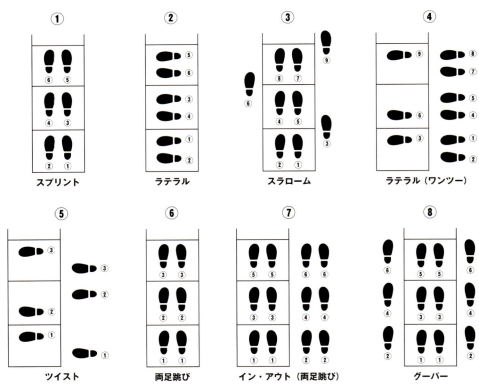

① スプリント　② ラテラル　③ スラローム　④ ラテラル（ワンツー）
⑤ ツイスト　⑥ 両足跳び　⑦ イン・アウト（両足跳び）　⑧ グーパー

鍛えて強くなる　ラダートレーニング

 ラダーなしでできるトレーニング

MENU 01　ラインを使ったステップ

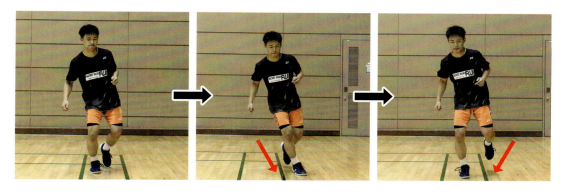

MENU 02　ランダムに指導者の指示した方向へ片足でジャンプ

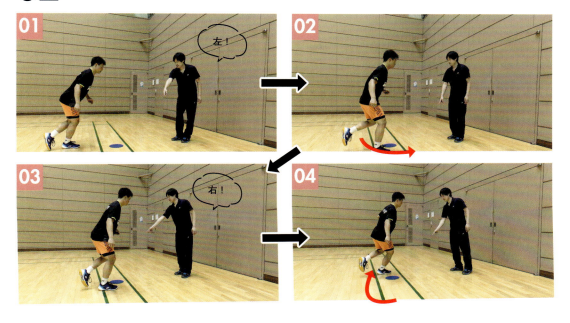

【撮影協力】法政大学バドミントン部

電波社
必ずうまくなる!!
バドミントン 基本と練習法
2024年9月2日発行

Creative Staff
編　　集　　浅井貴仁（ヱディットリアル株式會社）
　　　　　　柳澤壮人（コスミック出版）
撮　　影　　三原充史（38PHOTO）
執筆協力　　高原弘一郎
デザイン・DTP　伊藤清夏（コスミック出版）

乱丁・落丁本は、小社へ直接お送りください。
送料小社負担にてお取替えいたします。
※本文中の記事・写真などの転載を一切禁じます。
ISBN 978-4-86490-273-1　C0075
© 2024 YUJIRO MASU,DENPA-SHA Co.,LTD. Printed in Japan

［著　者］
升 佑二郎 (ます・ゆうじろう)

法政大学男子バドミントン部　監督
法政Jr.バドミントンクラブ　監督

法政大学文学部を卒業後、国士舘大学大学院スポーツシステム研究科で博士課程を修了。バドミントンの研究成果が認められ、体育科学の博士号を取得。5年間のコーチ期間を経て、2017年より法政大学バドミントン部の監督に就任。2014年に法政Jr.バドミントンクラブを立ち上げ、小学生から大学生に至るまでの発育発達を考慮した指導法の実践に取り組んでいる。健康科学大学健康科学部教授、日本バドミントン協会普及指導部会委員、関東学生バドミントン連盟副会長を務めるなど、研究、教育に従事している。

法政大学
バドミントン部の
ホームページ

法政大学
バドミントン部の
YouTube

※本書はコスミック出版刊
「必ずうまくなるバドミントン 基本と練習法」
（発行日：2023年11月9日）を再編集したものです。

監　修　　升 佑二郎
編集人　　横田 祐輔
発行人　　杉原 葉子
発行所　　株式会社電波社
　　　　　〒154-0002　東京都世田谷区下馬6-15-4
　　　　　代表　TEL：03-3418-4620
　　　　　　　　FAX：03-3421-7170

振替口座 00130-8-76758
URL：https://www.rc-tech.co.jp/

印刷・製本　大日本印刷株式会社